中国-东盟法律研究中心 —— 重庆市人文社会科学重点研究基地

—— 最高人民法院东盟国家法律研究基地

>> 本书是中国-东盟法律研究中心规划课题成果

中国法学会法治研究基地
China Law Society Research Institute for Rule of Law

中国、东盟与美国矿产资源法比较研究

张　辉　著

厦门大学出版社　国家一级出版社
XIAMEN UNIVERSITY PRESS　全国百佳图书出版单位

图书在版编目(CIP)数据

中国、东盟与美国矿产资源法比较研究/张辉著.—厦门:厦门大学出版社,2019.3
(中国—东盟法律研究中心文库)
ISBN 978-7-5615-7126-2

Ⅰ.①中…　Ⅱ.①张…　Ⅲ.①矿产资源法－对比研究－中国、东南亚国家联盟、
美国　Ⅳ.①D912.604

中国版本图书馆 CIP 数据核字(2018)第 233483 号

出 版 人	郑文礼
责任编辑	李　宁
封面设计	蒋卓群
技术编辑	许克华

出版发行 *厦门大学出版社*

社　　址 厦门市软件园二期望海路 39 号

邮政编码 361008

总 编 办 0592-2182177　0592-2181406(传真)

营销中心 0592-2184458　0592-2181365

网　　址 http://www.xmupress.com

邮　　箱 xmup@xmupress.com

印　　刷 厦门集大印刷厂

开本 720 mm×1 000 mm　1/16

印张 10.25

字数 178 千字

插页 2

版次 2019 年 3 月第 1 版

印次 2019 年 3 月第 1 次印刷

定价 65.00 元

本书如有印装质量问题请直接寄承印厂调换

厦门大学出版社
微信二维码

厦门大学出版社
微博二维码

中国—东盟法律研究中心文库

编 委 会

（按姓氏笔画排序）

总序一

中国与东盟的关系是中国实施周边外交战略的重要内容。2003 年 10 月第七次中国—东盟领导人会议,时任中国国务院总理温家宝与东盟领导人签署了《面向和平与繁荣的战略伙伴关系联合宣言》,至此中国正式加入《东南亚友好合作条约》。2013 年 10 月,在印尼国会发表的演讲中,国家主席习近平首次提出"携手建设更为紧密的中国—东盟命运共同体"的倡议,标志着将中国与东盟国家合作推动至更高的阶段,预示着再创中国和东盟合作黄金十年的辉煌前景。

2013 年恰逢中国与东盟建立战略伙伴关系 10 周年。回首过去展望未来,正如国务院总理李克强在第十届中国—东盟博览会开幕式所指出的,中国与东盟携手开创了合作的"黄金十年",必将创造新的"钻石十年"。为此李总理提出开创未来宏伟蓝图的五点倡议:打造自贸区升级版;推动互联互通;加强金融合作;开展海上合作;增进人文交流。这进一步表明,中国未来仍将坚定不移地把东盟国家作为周边外交的优先方向,坚定不移地深化同东盟的战略伙伴关系,坚定不移地与东盟携手,共同维护本地区的和平与稳定。"中国—东盟法律研究中心文库"正是在这样的政策指引与时代背景下出版问世的。

作为文库编辑单位的中国法学会中国—东盟法律研究中心,是由中国法学会在 2010 年第四届"中国—东盟法律合作与发展高层论坛"期间创设,依托西南政法大学建设的专门从事中国与东盟法律法学界交流合作的重要平台。"中国—东盟法律研究中心文库"是中心规划课题成果,聚集中心研究员的最新研究成果,围绕本区域的法律变革、合作与发展的问题,整合中国与东盟法律法学界的专家学者,以突出现实问题为导向、服务国家战略为根本,开展对中国与东盟法律的系统性、基础性和前瞻性的研究。文库已成为展示研究中国与东盟法律制度的最新成果平台,也将为政府、社会组织、商业团体和其他机构提供基础性资料参考与前沿性理论分析。

　　"中国—东盟法律研究中心文库"的出版,为中国—东盟法律研究中心的实体化建设及其目标的实现书写了浓墨重彩的新篇章。我期盼并相信"中国—东盟法律研究中心文库"能够助推中国—东盟法律研究中心在开展中国与东盟法律法学交流中发挥领军作用,为促进本地区的法律交流与合作繁荣,为中国实施周边外交战略提供重要的智力支持。

全国人大法律委员会副主任

中国法学会副会长　　　　　　张鸣起

中国—东盟法律研究中心理事长

2014 年 6 月

总序二

自 2013 年 10 月，习近平主席提出携手建设更为紧密的中国—东盟命运共同体倡议以来，中国与东盟及各成员国的合作发展进入一个崭新的历史时期，由中国—东盟法律研究中心规划的"中国—东盟法律研究中心文库"，正是在主动呼应这一时代背景和现实需要的条件下出版的。

中国—东盟法律研究中心是中国法学会依托西南政法大学于 2010 年成立的智库型研究机构。2012 年，中国法学会又将"中国—东盟高端法律人才培养基地"落户西南政法大学，依托西南政法大学开展对东盟法律人才的学历和非学历教育培养活动。中国—东盟法律研究中心始终以"问题导向、紧贴地气、协同创新、引领前沿"为理念指引，以国家战略需求为指针，以国内国际协同创新机制为重要平台，以期成为国家推进周边安全与外交战略和"一带一路"建设的重要智库机构。

2013 年，中国—东盟法律研究中心被评定为重庆市人文社科重点研究基地，2016 年被评定为中国法学会首批重点法治研究基地。中心自成立以来，着力从科学研究、人才培养、社会服务三个方面开展工作，整合中国与东盟法学界法律界资源，打造中国和东盟国家学术界和实务界专家合作交流的重大平台，逐渐形成鲜明的"东盟军团"特色。中心围绕东盟区域的法律变革、合作与发展问题，以突出解决现实问题为导向、以服务国家和区域战略为根本，广泛开展对中国与东盟法律的系统性、基础性和前瞻性研究。"中国—东盟法律研究中心文库"是中心规划课题成果，集中体现了中心研究员的最新研究成果，亦是教育部国别和区域研究中心——东盟研究中心的成果。

作为中国—东盟法律研究中心和中国法学会首批重点法治研究基地的重要依托，西南政法大学是新中国最早建立的高等政法学府之一，被称为中国法学教育的"黄埔军校"。在新时期，西南政法大学正全面开展"双一流"建设工作，中国—东盟法律研究中心的建设将突出特色、中国立场和国际视野，提升研究水平和平台集聚功能，为促进区域法律交流与合作繁荣，服务国家"一带一路"建设提供重要的智力支持。

中国—东盟法律研究中心秘书长
西南政法大学国际法学院院长、教授　　　张晓君
2016 年 3 月

前　言

  中国—东盟合作机制（以下简称"10＋1"）自 1997 年确立以来,对中国与东盟国家间的合作发挥了重要作用,强化了地区政治经济合作,加深了中国与东盟国家的相互理解和合作共识。2003 年,中国与东盟签署了《面向和平与繁荣的战略伙伴关系联合宣言》,强调"进一步活跃科学、环境、教育、文化、人员等方面的交流,增进双方在这些领域的合作机制"。2013 年秋,中国国家主席习近平在哈萨克斯坦和印度尼西亚提出共建丝绸之路经济带和 21 世纪海上丝绸之路,即"一带一路"倡议,其主要内容是实现沿线国家之间的政策沟通、设施联通、贸易畅通、资金融通、民心相通。东盟国家处于"一带一路"的陆海交汇地带,是中国推进"一带一路"建设的优先方向和重要伙伴。

  中国和美国是世界两大经济体,中美投资、贸易合作与争端比历史上任何时候都要更加频繁也更加尖锐,在中美之间建立起有效的法律与政策协调机制比以往任何时候都显得更加迫切和必要。

  矿产资源作为一项重要的支柱性资源,对各国的社会经济发展起到至关重要的作用,各国矿产资源的权属配置及其开发利用管理直接决定了该国矿产资源开发利用的整体水平。同时,不容忽视的是,矿产资源开发利用的负外部效应尤为突出,对当地乃至周边地区或国家的生态环境产生重大影响。如何充分认识和把握中国、美国以及东盟国家矿产资源法律规范及其制度体系的不同,分析评判各国矿产资源法的优点与不足,有效防范和减少各国在矿产资源开发利用、矿产资源投资与贸易过程中可能产生的风险和矛盾,保护生态环境,是中国以及其他国家当前以及未来相当长时间内亟待解决的问题和重要的工作目标。

  本书详细介绍了中国、美国以及东盟国家的矿产资源法律的规定及其主

1

要制度内容,并从矿权设定、矿权流转、矿产资源开发利用以及环境保护等角度进行了比较分析。其中,各国矿产资源法律的收集与整理工作,以及书稿的整理工作主要由硕士研究生李婉云和孙莹负责;柬埔寨矿产资源法以及其他东盟国家矿产资源法文稿的部分翻译工作由中国—东盟法律研究中心博士研究生 Chanveasna 负责,同时感谢中国—东盟法律研究中心理事、西南政法大学国际法学院院长张晓君教授对本书成稿的关心和支持。

张　辉

2018 年 12 月 8 日

目　　录

第一章

中国与东盟国家矿产资源概况

第一节　中国矿产资源概况

一、矿产资源总量丰富,人均资源量不足

我国是世界上 6 个资源大国之一。截至 2017 年年底,我国已发现矿产 173 种,其中天然气水合物为新发现矿种,煤炭、石油、天然气、锰矿、金矿、石墨等主要矿产查明资源储量增长,全国评审备案、矿产资源储量报告较上年小幅增长,石油、天然气、锰、铅、锌、锂、石墨等矿产资源潜力动态评价取得新进展。2017 年,主要矿产中有 42 种查明资源储量增长,6 种减少。其中,石油剩余技术可采储量增长 1.2%,天然气增长 1.6%,页岩气增长 6.2%,煤层气下降9.5%;煤炭查明资源储量增长 4.3%,锰矿增长 19.1%,铜矿增长 4.9%,铝土矿增长 4.9%,钼矿增长 4.3%,锑矿增长 4.1%,金矿增长 8.5%,磷矿增长 3.6%,萤石增长 8.9%,晶质石墨增长 22.6%,钾盐下降 2.8%。①

---

① 自然资源部:《中国矿产资源报告 2018》,第 1 页。

虽然从总体上看,中国是一个矿产种类众多、储量比较丰富的国家,但由于我国人口众多,矿产资源人均探明储量只占世界平均水平的58％,位居世界第53位。这种情况在关系国家经济命脉、工业生产急需和部分用量大的战略性矿产上尤显突出。如石油、天然气人均探明储量相当于世界平均水平的7％,铁矿、铜矿、铝矿的人均探明储量相当于世界平均水平的35％、17％和11％,铬、钾盐等矿产储量更是严重不足。[①]

矿产资源有丰有歉,储量充足的矿产多半用量不大,大宗矿产又多半储量不足。从已查明的情况看,我国各种矿产的丰歉程度差异很大,既有储量充足的矿产,如钨、钼、稀土、煤、滑石等;也有资源丰度一般的矿产,如铁、铅、锌、金、银、石油等。还有一些资源短缺的矿产,如铬、钴、钾盐、金刚石等。我国储量充足的矿产中除煤以外用量多半不大,而大宗使用的矿产已探明的储量则显得相对不足。因此,就要考虑实行利用国内外两种资源的方针,并通过国内外矿产品市场的合理比价来保证方针的实施。

二、矿产资源有贫有富,大宗矿产贫矿多富矿少

在我国现已发现不少富矿,但是,对我国经济建设有重要意义的许多矿产资源,如铁、锰、铝、金、铀等,则以贫矿居多。铁矿在已经探明的储量中86％是贫矿,品位在30％~35％。而澳大利亚、巴西、印度等国的铁矿石品位一般在60％以上。铜矿探明储量中品位大于1％的不到30％,70％的铜矿储量品位小于1％,品位大于2％的只占储量的6％。在美洲、非洲有品位高的铜矿。我国的磷矿品位大于或等于35％的只有7％。从我国人均矿产资源拥有量和重要战略性矿产资源(如石油、煤等)的储量与分布的角度来看,我国既是一个人均资源极度匮乏的国家,又是一个资源分布不均匀的国家,尤其是具有战略意义的矿产资源短缺,石油和煤等战略性矿藏在长年无节制的开采过程中已经显露出贫瘠化的趋势。[②]

---

① 林家彬、刘洁、李彦龙等:《中国矿产资源管理报告》,社会科学文献出版社2011年版,第4页。

② 林宗彬、刘洁、刘彦龙等:《中国矿产资源管理报告》,社会科学文献出版社2011年版,第5页。

三、矿床共生,伴生矿多,单一矿少

我国许多矿产地,往往是多种矿产共生,或以一种有益元素为主多种其他元素伴生在一起。例如,湖北大冶铁矿有铜,内蒙古的黄冈铁矿里有锡,四川攀枝花铁矿有钒和钛,内蒙古的白云鄂博铁矿有稀土和放射性矿产。在铁矿床内伴生有其他元素的占铁矿储量的1/4。银矿3/4是伴生银矿,金矿有2/5是伴生金矿,德兴铜矿中金矿就有几百吨,金银相当一部分属伴生矿。钨、锡等有色金属矿床常常共生在一起。我国的有色金属矿产有3/4属于伴生、共生矿。在四川、山西、安徽的一些煤矿中共生有铝土矿、硫铁矿、耐火黏土、高岭土。我国的大矿山的伴生有益元素,如果能综合回收利用的话,其价值大体相当于主元素价值的30%～40%。因此,必须加强综合勘查、综合评价和综合开发利用,提高资源效益和经济效益。矿产资源价值的确认与实现必须适应我国矿产资源的这一特点,从而促进矿产资源的合理有效开发和利用。

矿床规模有大有小,中小型矿床多,大型、超大型矿床少。我国已发现的矿产当中有一批大矿,如南岭地区钨矿,河南栾川、陕西金堆城钼矿,甘肃金川镍矿,江西德兴铜矿,云南金顶和甘肃厂坝铅锌矿,山东焦家金矿和陕北—内蒙古的神府东胜煤田等。但大矿和超大矿从矿区数看,约占8.6%,而中小矿则占91%(其中小矿占70%)左右。至于零星分散的矿点则更多。因此,矿产资源价值的实现,应当能从这一特点出发,促进"矿业开发以大矿为骨干,大中小并举"和大型矿床的规模经营。

四、矿产资源分布面广,储量相对集中

我国矿产地无论从总体上看还是从单个矿种上看,分布均比较广泛,但许多矿产的探明储量都集中在某些局部地区。如煤炭集中于新、晋、陕、蒙四省区,占全国保有储量的60%以上;磷矿集中在滇、黔、川、鄂四省,占全国保有储量的70%;铁矿集中于辽、冀、晋、川四省,占全国保有储量的60%。此外还有一些大型矿床分布在我国边远地区,如新疆、内蒙古的煤,西藏、内蒙古、新疆的铬矿,还有青海的盐湖资源。这种分布格局既使矿产资源的开发利用严重地受到交通运输条件的制约,也给交通运输、基础设施建设带来巨大的压力。

第二节　东盟国家矿产资源概况

东盟各国矿产资源比较丰富，特别是铜、镍、铝、钛、钾盐、石油、天然气，与我国有较强的互补性，主要矿产资源包括石油、天然气、煤、铜、金、镍、铅、锡、钛、锑、锶、钾盐、石膏、重晶石和磷，以及铁、锌、铅、铬、锰、钴、高岭土和膨润土等。其中，油气资源主要集中在印尼、马来西亚、文莱和越南，其他分布在缅甸、泰国、菲律宾和东帝汶等国。铜矿资源主要分布在印尼、菲律宾、老挝、缅甸等。

一、越南

越南拥有多种矿产资源，已经发现约 5000 个矿床，70 种矿产。2008 年，越南生产了大约占世界 1% 的重晶石、水泥、锡，以及排名亚太地区第七的原油。此外，越南还生产铬矿石、煤、铜、天然气、铅、石灰、盐、钢铁和锆。

据越南地质矿产局的统计，越南共有 832 个组织和个人拥有采矿许可证，其中，国有企业占主体地位，有 456 家，占 54.81%；有限责任公司、联合股份公司、私营企业等占 14.44%；合作社占 5.05%；个体采矿者占 14.19%；外资生产企业仅占 2.17%；其他占 9.34%。目前越南矿业部门从业人数总计约 23 万人。

二、马来西亚

马来西亚矿产资源比较丰富，其矿业在马来西亚国民经济中占有重要地位，沿海蕴藏着丰富的石油和天然气，石油油质好，主要出口日本。锡矿储量居世界前 10 位，在世界上具有"锡国"的美称。

油气的勘查和开发工作由马来西亚国家石油和天然气公司以及该公司与外国公司组成的风险集团来进行。马来西亚是世界第二大液化天然气（LNG）出口国，2009 年产量为 627 亿立方米。

三、印度尼西亚

印尼矿产资源丰富,包括石油、天然气、煤、铜、黄金、镍、锡、铝矾土以及银。其中铜和镍的产量位列世界前5,官方报告的铜资源量为6620.6万吨,已探明镍储量320万吨;锡产量排在中国之后位列世界第二;黄金和天然气产量名列世界前10名。印尼的液化天然气(LNG)出口量居世界前列(卡塔尔排名第一),却是一个石油净进口国。

2008年印尼的石油和天然气开发在经济增长中发挥着重要的作用;采矿及采石业占GDP的8.9%;水泥行业占0.8%;钢铁生产占0.5%;印尼采矿和采石业贡献了整体出口价值的10.8%。

四、泰国

泰国矿产资源丰富,主要有40余种矿产,以石油、天然气、煤、锡、钨、锑、铌、钽、岩盐、钾盐、萤石、重晶石等为主。

泰国2008年的国内生产总值(GDP)为2740亿美元,增长率为2.6%。与2007年相比,采矿业占国内生产总值比例的增长率为0.6%。

五、缅甸

缅甸总的地质研究程度极低,现有资料多属早期调查成果。但根据现有资料可知,缅甸以盛产宝石、翡翠闻名于世,石油、天然气资源也较丰富,铅、锌、铜、锡、钨已有悠久开采历史。缅甸油气资源丰富,初步查明石油2万亿桶,天然气14万亿立方米。缅甸生产的大多数矿产品供国内消费。缅甸包德温锌矿、望濑铜矿及毛淡棉-土瓦锡钨矿,均属大型有色金属矿床。翡翠、宝石、金刚石和其他宝石产品主要供出口。

六、文莱

文莱的矿产资源主要是石油和天然气,其蕴藏量丰富。1995年已探明的石油蕴藏量为14亿桶,可开采25年以上,天然气探明含量为3200亿立方米。

文莱除了油气储量巨大外,还有丰富的矿产资源,目前已探明的矿产有金、汞、锑、铅、矾土、硅等。

七、老挝

老挝矿产资源较丰富,主要有岩盐、钾盐、石膏、宝玉石、煤、石油及金、锡、钨、铅、锌等。但开发程度低,矿业基础薄弱,矿业产值在国民经济中占的比例较低,出口矿产品以锡、石膏等为主。老挝的经济欠发达,地质院校、地质勘查队伍都没有,地质矿产人又只有百人左右且主要在政府部门从事管理工作。地质勘查程度较低,截至 2008 年年底,1：20 万地质矿产填图完成了国土面积的 66%;1：5 万地质填图尚未开展;部分地区为地质工作空白区。

八、柬埔寨

柬埔寨的矿藏主要有金、磷酸盐、宝石和石油,还有少量铁、煤。其工业基础薄弱,矿产资源开发能力有限,规模矿业生产尚未建立,现仅有小型水泥厂及群采为主的宝石、金、锡、石英砂等小型矿山、矿点,产量只能满足国内需求,宝石可供出口。至今未进行全面地质勘探,目前发现或探明储量的矿产较少。其矿业政策是吸引外资到本国进行矿产资源的开发,但审批制度较为严格,必须通过工业矿山能源部的资质认证,对矿业权申请人的国籍、技术、企业规模、财务能力和商业登记情况都要综合衡量。①

九、菲律宾

菲律宾拥有丰富的矿产资源,在世界矿产资源储量中占有重要的地位。菲律宾探明储量的金属矿产有 13 种,非金属矿产有 29 种,是世界重要的铜、金、铬、镍、钴生产国和出口国,铁、煤、油气、硅砂等矿产资源也很丰富。菲律宾铜矿资源储量在东盟国家中仅次于印度尼西亚,达到 4020 万吨,主要以斑岩铜矿为主,全国各地均有分布。

---

① 中华人民共和国国土资源部:《柬埔寨在矿产资源立法中的事权划分情况》,http://www.mlr.gov.cn/wskt/flfg/201003/t20100327_713015.htm.

根据经济发展的需要和受开采条件等因素的限制,目前菲律宾只是选择性地开采了金属矿中的金、铬、镍、铜矿和非金属矿中的磷酸盐矿、海鸟粪、黏土、白云石、长石、石灰石、大理石、珍珠岩、硅石、盐、闪长岩、蛇纹岩等。

十、新加坡

新加坡是世界上最繁忙的港口,并把自身定义为"亚洲和西方的交汇之地",该国经济增长高度依赖贸易活动。2012 年,西方工业活动的缓慢恢复影响了该国的出口,导致新加坡 GDP 增长幅度低迷。因为新加坡的矿产资源有限,所以制造的原材料大多数需要进口。服务业产值占 GDP 绝大多数,其中金融和保险是增长最快的领域。故而,在下文对东盟矿产资源的讨论中将很少涉及新加坡的内容。

第三节　美国矿产资源概况

美国法律所规定的矿产资源总体可以分为三大类别,分别由不同的法律所调整。

1. 可定位的矿产资源(Locatable Minerals)。可定位的矿产资源主要规定在 1872 年的《采矿法》中,主要是指金属矿产,也包括部分的非金属矿产[如萤石(fluorspar)、云母(mica)、石灰石(limestone)、石膏(gypsum)、钽(tantalum)、宝石(gemstone)以及冲击形成的重矿物(heavy minerals in form of placer)]和其他矿产。由于 1872 年的法律对于可定位矿产的界定中将"经济效益"包括进去,所以很难给出一个明确的范围。但自从《矿产资源租赁法案》颁布之后,一般可以通过非可租赁矿产资源来确定可定位的矿产资源的名录。

2. 可租赁的矿产资源(Leasable Minerals)。可租赁的矿产资源主要规定在 1920 年和 1947 年的《矿产资源租赁法案》中,主要是指非金属矿产和气态或液态矿产,也包括部分固态矿产。根据法律规定,可租赁的矿产资源包括:煤、石油、天然气、页岩气(oil shale)、地热资源、钾盐(potash)、纳(sodium)、沥青(asphalt)、固态或半固态柏油(bitumen)、沥青岩、磷矿(phosphate)。在路易斯安那州和新墨西哥州,硫矿也是属于可租赁的矿产资源。可租赁的矿产资源是确定的。有关可租赁的矿产资源的行政法规主要规定在 43C. F. R. part 3500"*Leasing of Solid Materials Other Than Coal and Oil Shale*"中。

3. 可出售的矿产资源(Salable Minerals)。可出售的矿产资源主要是指那些可以用于建筑用途的普通矿物质(common varieties),如沙子、沙砾以及尘土等,主要规定在 1947 年的《矿物质处理法》(*Materials Disposal Act of 1947*),及其后来 1955 年修订的《普通矿物质法案》(*Common Varieties Act of 1955*)。这些矿物质的特点是体积大且便宜。所以法律没有对这类物质设定严格的条件,一般可以通过合同和许可证的形式取得,少量的取得不需要支付任何费用或者许可证。如,每天不超过 25 磅或者一年不超过 250 磅的石化木(petrified wood)是不用付费的。有关普通矿物质的规定主要体现在 43C. F. R. part 3600"*Mineral Materials Disposal*"中。

第二章

东盟国家矿产资源法律制度

一、越南

(一)矿产资源法律体系

调整越南矿产资源及其开采行动的法律主要为《越南矿产法》(*Vietnam Mineral Law*,2010,No. 60/2010/QH12)。《越南矿产法》于1996年3月制定,后于2005年和2010年经过两次修订,目前为2010年修订后的版本,于2011年7月1日起生效。[①] 该法主要适用于矿产资源的管理、保护和地质的基本调查,以及固态和气态矿产、矿泉水和天然热水的普查、勘探、开采和加工。但不适用于石油和天然气及其他类型的天然水,这些矿产受其他法律法规所管辖,矿泉和天然温泉除外。

此外,2000年12月,越南颁布了《矿产法实施细则》(*The Implementation of The Mineral Law* 2000)作为《越南矿产法》的配套规定,共11章77条,主要规定了国内外各单位、组织或个人在越南对矿产资源如何进行管理、维护、基本地质的考察、勘探、开采、加工等活动。明确指出工业部(Ministry of

---

① 参见 http://vietlaw4u.com/tag/vietnam-mineral-law-2010/.

Industry)作为矿产资源国家管理部门的主要职责,执行机构为其下属的国家资源管理司(State Managing Body of Minerals,以下简称 SMBM),此外还规定了各部委、省、市、县、市、镇、社会人民委员对各矿产区域内的责任和权限等。

(二)矿产所有权

越南的矿产所有权归国家所有,这与大多数发展中国家处理矿产资源的方式一致。根据 1996 年《越南矿产法》第 1 条,"位于越南社会主义共和国国土、岛屿、内陆水域、海域、专属经济区和大陆架内的矿产资源,均为全体国民所有,由国家统一管理"[①]。

(三)矿产资源类型及范围

《越南矿产法》中的矿产是指地下、地表中自然生成的,呈固态、液态或气态,目前或以后可以开采利用的矿物质。以后可以再开发的矿区废料场的矿物质也是矿产。

需要注意的是石油天然气及其他天然水类被排除在外,受其他法律规范调整,但矿泉水(mineral water)和天然温泉(natural thermal water)仍被纳入该法之内,其中矿泉水可能和我们日常生活所指的存在一定区别,其指的是地下蕴藏、流出地面的天然水,水中含有一些矿物质,其生物活性之浓度达到越南标准,或达到越南同意使用的国外标准,而天然温泉是指地下蕴藏并涌出地面,其热度恒定达到越南标准,或达到越南同意使用的国外标准的天然热水。[②]

(四)许可证与矿权权利

根据 2010 年《越南矿产法》,有三类矿产许可证:矿产勘查许可证(mineral exploration licenses)、矿产开采许可证(mineral mining licenses)、余矿开采许可证(licenses for salvage mining),这三种许可证赋予的期限相比之前规定的有所增加,更加符合国际惯例,以下详细介绍这三种许可证。

(1)勘查许可证

---

① 《越南矿产法》第 1 条。
② 《越南矿产法》第 2 条。

由资源环境部(The Ministry of Natural Resources and Environment)审批,不得超过24个月,可以依据政府规定延期,但延期期限不得超过24个月,勘查的面积由中央政府规定。

外国组织或个人可以依法取得矿产勘查许可证,行使矿产的勘查权利。依法获准从事矿产勘查的组织、个人享有探矿的权利,如"依法使用与勘查目的和勘查区域有关的国家矿产资源数据、信息;将矿产标本转移到勘查区域以外,包括送到外国进行分析、化验;向其他组织或个人转让矿产勘查权;若勘查人为个人,则勘查权还可以依法继承"[①]等等。但同时也需承担一定的义务,如依法许可证费、勘查专有权费、使用国家矿产资源数据和信息的费用、缴纳保证金、保护矿产资源和环境、确保职业安全和劳动卫生等义务。

此外,需要注意的是,如果存在怠于行使权利、履行相关义务,许可证还可能面临被吊销的风险,如无正当理由在许可证生效之日起六个月内不进行勘查活动、经通报后仍不缴纳相关规费、获准的个人死亡无继承人继承勘查权或组织被解散或破产无其他组织、个人接管权利义务等情形。

(2)开采许可证

在勘查许可证有效期届满之日起六个月内,如果勘查许可证的持有者未提出矿产开采申请的,如有其他组织和个人进行申请,可能向他人就该区域发放开采许可证,所以取得勘查许可证的持有人如要继续进行对该区域进行开采,需注意及时申请开采许可证。

开采许可证也由资源环境部进行审批,期限应以每一个具体项目的开采可行性研究报告为依据,但最长不得超过30年;可以按照政府的规定延期,延期期限最长不得超过20年。

外国组织或个人,或越外联营企业可以申请并获得开采许可证,开采许可证还可以与投资许可证一起颁发,或于投资许可证之后颁发。

取得开采许可证后享有一定的权利,与勘查许可证较为类似,如依法使用与开采项目和开采区域有关的国家矿产资源数据、信息;可以申请延长开采期限;开采附属矿产;值得注意的是开采许可证也可以转让和继承。但同时也应履行一定的义务,如税费的缴纳、权利金的缴纳、环境保护、保障劳动安全、赔偿损害等等。

同样,开采许可证也可能面临被吊销的可能,如果自许可证生效之日起

---

① 《越南矿产法》第42条。

12 个月内,无正当理由未动工建设的,或不履行相关义务经催告还未及时改正的等等。此外,对不同的矿产,如普通建材矿产;矿泉水、天然温泉;贵重、稀有、特种和有毒矿产等,其开采的要求也不同。

（3）余矿开采许可证

余矿开采(salvage mining)指的是对已经关闭矿区的遗留矿物,对矿产开采和加工后的矿渣所进行的再开采集和清理的活动。余矿开采许可证的期限不超过 3 年,按照政府规定可以延期,但延期期限最长不超过 2 年。但是值得注意的是,余矿开采许可证只颁发给越南组织或个人,并优先颁发给在发现矿产地区永久居住的组织或个人,这对外国投资者来说可能是个遗憾。

(五)矿产资源税费制度

《越南矿产法》规定对获得矿产勘查许可证、矿产开采许可证、余矿开采许可证的组织和个人依法收取许可证例费、国家矿产资源数据使用信息费、矿产资源税以及其他税费,但对矿产资源税费的具体规定,需要参照其他专门的税法规定,如"矿产资源税的税率框架、税率和税款征纳制度依照税收法律之规定"。①

(六)矿产资源安全生产管理制度

矿区调度经理主管安全生产,发生劳动安全事故的危险或劳动安全事故,矿区调度经理必须立即采取各种必要的措施排除发生事故的安全隐患;抢救、疏散人员离开危险区;及时向有关国家机关报告;依法保护财产、保护现场等。② 此外,获准从事矿产开采的组织、个人和所有在矿区工作的人员都必须执行有关劳动安全和劳动卫生的各项法律规定,如必须依法执行劳动安全和劳动卫生定期报告、突发事件报告制度等。③

(七)矿产资源环境法律规制

获准从事矿产活动的组织和个人,必须严格准守环境保护法,根据《越南矿产法》的规定,在《环境影响评估报告》《矿产开采可行性研究报告》《加工可

---

① 《越南矿产法》第 34 条。
② 《越南矿产法》第 35 条。
③ 《越南矿产法》第 35 条。

行性研究报告》以及《矿产勘探提案》中必须确定保护和恢复环境、生态和土地的费用支出,且必须在越南某家银行或在设立于越南的外国银行存入一笔专门用于保护和恢复环境、生态和土地的资金作为保证金。[①]

(八)矿产资源监督管理体制

第一,主管部门。中央政府对矿产进行统一的国家管理。资源环境部(Ministry of Natural Resources and Environment)在全国范围内进行矿产资源管理,对中央政府负责。工业部对矿产开采、加工工业进行国家管理,但用作建筑物料和水泥生产原料的矿产除外。建设部(Ministry of Construction)对用作建筑物料和水泥生产原料的矿产的开采、加工工业进行国家管理。各级人民委员会依各自权限对地方矿产进行国家管理。

第二,协助机构。矿产储量评估委员会(National Council for Assessment of Mineral)有权力和责任帮助中央政府对矿产勘查报告中的矿产储量进行审查、批准,但用作普通建设物料的矿产和泥煤除外。

第三,地方机构。各级人民委员会依各自权限对地方矿产进行国家管理。

此外,中央政府具体规定资源环境部、工业部、建设部、各级人民委员会在矿产资源国家管理中的权限和责任;具体规定矿产储量评估委员会的组织和活动规则。

根据许可证类型的不同,许可证的颁发、延期、收回由不同的部门负责,具体来说,资源环境部负责颁发矿产勘查、开采许可证。省、直辖市人民委员会负责颁发余矿开采许可证,颁发用作一般建设物料之矿产和泥煤的勘查、开采许可证,颁发不在国家矿产开采加工规划或国家矿产资源储备范围之内的矿产开采许可证。但许可证颁发、延期、收回、交还、转让、继承、矿产活动登记的条件和程序等由中央政府规定。

二、马来西亚

(一)矿产资源法律体系

1994 年的《马来西亚矿产开发法》(*Mineral Development Act* 1994)是调

---

① 《越南矿产法》第 36 条。

整马来西亚矿产资源勘查和开发行为的主要法律,其目的在于统一全国矿产业的监督和管理,该法规定了联邦政府对矿产开采的监督与管理权和矿产开采企业的权利和义务,包括矿产开采企业在开采前、开采中和开采后应达到的法定条件和要求等。

(二)矿产所有权

虽然在《马来西亚矿产开发法》中没有规定矿产的所有权,但考察马来西亚现有的制度可以发现,其与其他东盟国家存在一定的区别,马来西亚的矿产资源归各州所有,因此,各州拥有对在自己土地上开采矿产的批准和发证权。不过,在批准前须与国家矿产资源部、环境保护部及其他相关部门协商一致。[①]

(三)矿产资源类型及范围

根据《马来西亚矿产开发法》第三条关于"矿产"的定义,矿产(mineral)是指天然产出的,从地下或地表开采出来的,从海域或海底开采出来的,由地质作用形成或受地质作用影响形成的所有呈固态、液态或气态形式的物质,但不包括《水、国家土地法典》(*National Land Code*)中定义的"岩石材料"(rock material)和1966年《石油开采法》(*Petroleum Mining Act* 1966)定义的"石油"(petroleum)。

(四)许可证与矿权权利

马来西亚矿产资源开发方面的行政许可主要包括普查许可证(prospecting licence)、勘查许可证(exploration licence)、独占采矿许可证(proprietary mining licence)及采矿租约(mining lease)。《马来西亚矿产开发法》对各项矿产许可证的持有者做了较为详细的要求,如要求所有这些许可证的持有者,根据成文法在矿产权登记后的30日之内,应该向地质调查所所长(Director General of Geological Survey)和矿山局局长(Director of Mines)提交矿产权证书的副本及在地址改变之后的14日内,提交地址变动的副

---

① 中华人民共和国国国土资源部:《马来西亚矿产资源开发法解析》,http://www.mlr.gov.cn/xwdt/kyxw/201301/t20130105_1172323.htm.

本等。①

《马来西亚矿产开发法》对不同的许可证持有者要求也存在不同,其中独占采矿许可证及采矿租约的要求相对较高,需提交采矿经营计划(operational mining scheme),采矿经营计划应在矿产权地区开始进行开发或采矿之前,按要求提交,以便得到矿山局局长批准。采矿经营计划主要包括:开始生产的预定日期、矿产权有效期内原矿生产年度数量的预期计划、矿山开采的计划等。同时如果一座矿山雇佣 10 名或更多工人时,或当局长助理通知这些许可证或租约需要一名经理的矿山任命一名经理时,持有者需要任命一名经理。

对于普查许可证和勘查许可证的持有者而言,需要提交的是开展勘查或开发工作意向书(notices of intent to explore or carry out development work)。在进行工作的前 7 日,应该向地质调查所所长和局长提交书面报告,通知他们准备开始工作的意图。② 此外独占采矿许可证及采矿租约的持有者在开工之前也要向地质调查所所长和局长提交开工报告通知。

遗憾的是《马来西亚矿产开发法》对许可证的持有者的权利用范围和权利内容未进行明确的规定,这或许也和该法的背景存在联系,近些年来,由于考虑到不可再生资源对国家经济可持续发展的重要作用,马来西亚政府采取了限量开采的政策,使主要矿产品的产量都有所下降。使矿产开发公司的开采成本加大,在客观上削弱了矿业在国民经济中所占的比重。当然,从长远来看,这样的政策于国于民是有利的,值得其他亚洲国家借鉴。③

(五)矿产资源税费制度

关于税费制度,在《马来西亚矿产开发法》中极少提及,仅在"证据"一章中提及矿产或矿产品应该交纳费用(fee)、权利金(royalty)、保险费(premium)和其他费用。如要深入考察,需要从其他法律法规中考察,此处不再详述。

(六)矿产资源安全生产管理制度

安全生产管理制度主要体现在《马来西亚矿产开发法》第四部分的"事故

---

① 《马来西亚矿产开发法》第 9 条。
② 《马来西亚矿产开发法》第 11 条。
③ 中华人民共和国国国土资源部:《马来西亚矿产资源开发法解析》,http://www. mlr. gov. cn/xwdt/kyxw/201301/t20130105_1172323. htm.

与调查"(Accident And Inquiry)及第五部分执行、调查、证据、违法和处罚(Enforcement，Investigation，Evidence，Offences And Penalties)，规定了矿难发生后的相关处理、调查等程序。

事故和危险事件的处理程序。一旦有人员伤亡或者财产损失的矿难事故发生，经理、负责矿山的其他人员或矿产权拥有人必须立即向局长助理(Assistant Director)提交书面报告，局长助理接到报告后，应立即着手以下工作：一是亲临发生事故的矿场实地调查；二是下达停产停业的命令；三是开展事故原因的调查；四是将调查报告送呈局长(Director)。发生事故的矿场必须保持事故发生时的原貌，直到调查结束之前，任何人不得擅自改变事故现场，除非是由于救援或者疏散群众的需要。发生事故的矿场在接到局长助理的复工指令以前，不得擅自恢复生产或者进行恢复生产的准备工作，否则将予以处罚。在报送局长后，如果局长认为事故是由于没有执行本法第15条要求的书面命令或矿山局官员根据本法提出的要求而造成的，且若采取了适当预防措施事故是完全可以避免的，局长应该将其追究意见连同局长助理提交的报告一起提交给矿山总监(Director General of Mines)。

事故调查程序。总监觉得是否进入调查程序，决定进行调查时，总监应该任命一名矿山局官员，必要时任命一名精通法律或专门知识的人员来协助调查此事。矿山局官员的调查可以公开或部分公开，以最有效的调查方式调查事故起因，调查完毕之后，将事故调查情况的调查报告通过总监提交给部长。

(七)矿产资源环境法律规制

近年来，马来西亚政府为了降低采矿业带给环境的危害，实施了矿产开采公司环境控制项目，强制矿产开采公司加大对采后环境恢复的经济投入和关注力度，使得矿产开发公司的开采成本加大，在客观上削弱了矿产业在国民经济中所占的比重。[①]

具体来说，《马来西亚矿产开发法》中要求了较为严格的环境保护措施，零散的规定在不同的条款中，主要有以下内容：

(1)前提条件。在提交采矿经营计划中应该满足"不对邻近的社区造成破

[①] 中华人民共和国国国土资源部：《马来西亚矿产资源开发法解析》，http://www.mlr.gov.cn/xwdt/kyxw/201301/t20130105_1172323.htm.

坏"①,如果不满足该项要求,采矿局局长可能不会批准该计划。

（2）良好和安全的实践及环境标准。要求淘金（fossicking）、淘砂（panning）、勘查（exploration）、采矿（mining）和矿产加工（mineral processing）都应以良好和安全的经营方式进行生产和按照本法及所有与环境有关的正式法律所要求的环境标准进行生产。

（3）防止溢水（effluent water）。采矿过程中,采取的措施符合水质标准；没有标准的地方水中不能含有对人类、动物或植物有害的固体物质、化学品和其他物质。②

（4）防止侵蚀（erosion）。主要是防止采矿过程中对土地的侵蚀以及防止侵蚀物的随意排放。③

（5）矿山废弃（mine abandonment）。废弃矿山和废物堆存地要以规定方式安全地管理好。④

(八)矿产资源监督管理体制

《马来西亚矿产开发法》规定了政府对矿产开采的监督与管理权和矿产开采企业的权利和义务,包括矿产开采企业在开采前、开采中和开采后应达到的法定条件和要求等。还规定,该法令的执法部门是自然资源和环境保护部下属的矿产资源司。部长任命矿山总监（Director General of Mines）。作为执行本法令的行政长官负责本法令的执行,负责矿产资源勘探、钻井、开采、提取、储存、处理过程中的安全监督和管理,获取矿产资源勘探、钻井、开采、提取、储存、处理过程中的有关信息和资料,执行部长下达的关于矿产资源管理的行政命令,履行其他行政管理职责等。

三、印度尼西亚

(一)矿产资源法律体系

2008 年 12 月 16 日印度尼西亚人民代表会议通过了新的《矿产和煤炭矿

---

① 《马来西亚矿产开发法》第 10 条第 4 款。

② 《马来西亚矿产开发法》第 18 条。

③ 《马来西亚矿产开发法》第 19 条。

④ 《马来西亚矿产开发法》第 20 条。

业法》(*Mineral And Coal Mining*,2009),2009 年 1 月 12 日该法以 2009 年 4 号令的形式正式颁布。新法将取代施行了 42 年的 1967 年的 H 号法(印度尼西亚原矿业法),为目前调整印度尼西亚矿产资源的主要法律。该法案经过约 4 年漫长的审议过程才得以通过。

该法在矿业管理方面做了较大的调整,包括中央与地方政府间权力的重新分配、矿业权管理实行许可证制度、建立新的税费体系等。新《矿产和煤炭矿业法》共 26 章 175 条,下文将主要介绍该法的主要内容。

(二)矿产所有权

矿产所有权归国家所有,《矿产和煤炭矿业法》规定"矿产与煤炭是不可再生的资源,是由国家掌管的国家财富,最大限度地为人民利益服务"[①]。在矿业管理上,实行中央政府和地方政府的权限划分,在该法未颁布之前,地方政府掌握更多的管理权。根据 2007 年年初的统计,地方政府已经发放了 1200 多份采矿授权,大大超过了中央政府在 2001 年以前 30 多年颁发的采矿授权总数(597 份)。[②] 新法虽然重新划分了各级政府的权限,但地方政府权力明显扩大。

(三)矿产资源类型及范围

根据《矿产和煤炭矿业法》的规定,矿产(Mineral)是指是一种自然形成的无机化合物,具有一定的物理和化学特征以及常规或混合晶体结构形成的以单独形式出现的或综合形式出现的岩石。[③]煤炭(Coal)则指一种通过遗留的植物自然形成的有机化合物碳沉积物。[④]

此外,《矿产和煤炭矿业法》将矿产分为四类:放射性矿产(radioactive mineral)、金属矿产(ferrous mineral)、非金属矿产(non-ferrous mineral)和煤(coal)(该法不涉及地热、油气资源、地下水等)。

---

① 《矿产和煤炭矿业法》第 4 条第 1 款。

② 中华人民共和国国土资源部:《解读印度尼西亚之新〈矿产和煤炭矿业法〉》,http://www.mlr.gov.cn/zljc/201012/t20101208_800086.htm.

③ 《矿产和煤炭矿业法》第 1 条第 2 款。

④ 《矿产和煤炭矿业法》第 1 条第 3 款。

(四)许可证与矿权权利

在矿权设置和管理方面,规定了三类矿业许可证:普通矿业许可证(Mining Business Permit,简称 IUP)、小规模矿业许可证(Smallholder Mining Permit,简称 IPR)、特别矿业许可证(Special Mining Business Permit,简称 IUPK)。

1. IUP

普通矿业许可证又分为两个阶段:勘探 IUP(IUP for exploration)和生产运营 IUP(IUP for operational production)。勘探 IUP 的权限包括普查、勘探和可行性研究。生产运营 IUP 的权限包括矿山基本建设、矿产开采、加工运输和销售。勘探 IUP 根据不同矿种确定不同的最长期限和面积,金属矿最长期限为 8 年,非金属矿为 3 年,特定种类的非金属矿(用于生产水泥的石灰石、金刚石和其他宝石)为 7 年,石材矿为 3 年,煤炭为 7 年。金属矿面积最少为5000 公顷,最大 10 万公顷;非金属矿最少 500 公顷,最大 2.5 万公顷;石材矿最少 5 公顷,最大 5000 公顷;煤矿最少 5000 公顷,最大 5 万公顷。

生产运营 IUP 也根据不同矿种确定不同的最长期限和面积。金属矿采矿许可证的最初期限为 20 年,可延长 2 次,每次 10 年;非金属矿采矿许可证最初期限为 10 年,可延长 2 次,每次 5 年;特定非金属矿采矿许可证最初期限为 20 年,可延长 2 次,每次 10 年;石材矿采矿许可证最初期限为 5 年,可延长2 次,每次 5 年;煤矿采矿许可证最初期限为 20 年,可延长 2 次,每次 10 年。金属矿采矿许可证的最大面积为 2.5 万公顷;非金属矿为 5000 公顷;石材矿为 1 000 公顷;煤矿为 1.5 万公顷;放射性矿开采区的面积由中央政府划定。

IUP 的颁发由各级政府分别负责。如果矿业权区在一个县/市,由所在地的县/市长颁发;如果矿业权区在一个省内,且跨两个或两个以上的县/市,经当地县/市长推荐后由省长颁发;如果矿业权区跨两个或两个以上的省,经当地省长和县/市长推荐后由部长颁发。

2. IPR

主要是用于小规模矿产开发,由当地县/市长负责发证,优先颁发给当地的个人、社会团体、合作社。许可证初始期限最长 5 年,此后可以延长。个人最大许可面积为 1 公顷,社会团体最大面积 5 公顷,合作社最大面积 10 公顷。

3. IUPK

IUPK 由部长负责颁发,主要是针对特别可开采区(special mining business permit area)而颁发的。一个特别许可证的权限区内只授予 1 个品种金属或煤矿的特别开采权。IUPK 持有者对矿权区内发现的新矿种拥有优先权。

IUPK 包括勘探和生产运营两个阶段。不同矿产各阶段在面积和期限上有不同的规定。金属 IUPK 矿产勘探期间最大 10 万公顷,生产运营期间最大 25000 公顷;煤炭勘探期间最大面积 5 万公顷,生产运营期间最大 15000 公顷。

金属 IUPK 的勘探期限最长 8 年,煤炭的勘探期限最长 7 年,金属或煤炭的生产运营期限最长 20 年,可延长 2 次,每次 10 年。

(五)矿产资源税费制度

IUP 与 IUPK 持有者有义务缴纳属于国家和地方收入的各种税费,包括税收(tax revenues)和非税(non-tax state revenues)收入。税收包括:根据税法规定的税收、进口税。非税收入包括:固定租金费(regular fees)、勘探费(exploration fees)、权利金(production fees)、信息补偿费(compensation for data and information);地方收入包括:地方税(regional taxes)、地方补偿(regional levies);其他法律规定的合法地方性收入。①

此外,《矿产和煤炭矿业法》还新增了一项附加税,IUPK 持有者还需要将其金属和煤炭生产企业 4% 的净利润交给印度尼西亚中央政府,6% 的净利润将给地方政府。地方政府的 6% 安排如下:省政府得 1%,矿地所在县/市政府得 2.5%,同一省内的其他县/市得 2.5%。② 这种附加税的政策并不是一种国际通行的做法,显然将增加在印度尼西亚投资矿业的成本。此条被认为是新法中不利于吸引新的投资者的重要条款之一。③

---

① 《矿产和煤炭矿业法》第 128 条。
② 《矿产和煤炭矿业法》第 129 条。
③ 中华人民共和国国土资源部:《解读印度尼西亚之新〈矿产和煤炭矿业法〉》,http://www.mlr.gov.cn/zljc/201012/t20101208_800086.htm.

(六)矿产资源安全生产管理制度

在安全生产管理方面,《矿产和煤炭矿业法》规定的较少,主要散见在个别的条款中,如对授予经营许可对象施加的义务中,要求其符合职业安全与健康。[①] 政府应对职业安全与健康负责。[②]

(七)矿产资源环境法律规制

《矿产和煤炭矿业法》在基本原则中规定了促进社会和环境的可持续发展。但总的来看,规定的内容并不多,如在可行性研究中要求包括环境影响分析,在生产过程中需按照可行性研究的要求安装环保设备等。值得注意的是,对矿业许可证持有者附加了一定的环保义务,如遵守环境负荷限度;执行行业卫生和安全标准;坚持矿产资源的可持续性利用原则;在申请矿产许可证的同时提交采后复垦及环保处理计划;缴纳矿区土地复垦及环保处理保证金,部长、省长或县/市长有权指定第三方使用该项保证金执行矿区采后的复垦及环保处理工作。关于更详细的矿区土地复垦及环保处理条例和保证金条例将由中央政府另作规定等。

(八)矿产资源监督管理体制

印度尼西亚实行中央政府与地方政府在矿业管理上的权力划分,分别规定了中央政府的权限、省政府的权限以及县/市政府的权限。

依据 1967 的矿业法,印度尼西亚矿业管理是中央为主,地方为辅。《矿产和煤炭矿业法》重新划分了中央和地方政府之间的矿产资源管理权限。《矿产和煤炭矿业法》对中央政府的矿政管理权限作出明确限制,重点包括制定法律、政策,颁发矿产开发许可证,划定矿产潜力区,直接监督管理跨省和离海12 英里以外的矿业活动。地方政府的权限明显扩大,旧法中只由中央政府负责的 A 类和 B 类矿产(战略矿产和重要矿产),《矿产和煤炭矿业法》中由地方政府共同管理。地方政府负责所辖地区的矿产资源管理,包括制定相关的地方管理条例、发放矿业许可证、监督和指导本地的矿业活动等。

[①]　《矿产和煤炭矿业法》第 70 条。

[②]　《矿产和煤炭矿业法》第 73 条。

四、泰国

(一)矿产资源法律体系

《泰国矿产法》(*Minerals Act B.E. 2522 and the related Ministerial Regulations*)为泰国矿产资源开发和管理方面的主要法律,主要对矿产的勘探(Prospecting)、开采(Mining)、冶金加工(Possession of Minerals)、贸易、权利金(Royalties)的支付和矿产品的进出口等内容进行了规定。

(二)矿产所有权

一切矿产为国家所有。泰国的矿业权和地表权两权分离,土地所有者不拥有地下矿产。矿业的主管部门是工业部(Minister of Industry),任何公司或个人在进行勘探和开发活动之前,必须先得到政府颁发的矿权。

(三)矿产资源类型及范围

《泰国矿产法》规定的矿产,指矿产资源,是一种无机物,不管在使用之前是否需要熔炼或精炼,其化学成分和物理性质永久不变或变化不大。其范围包括煤(coal)、油页岩(oil shale)、大理岩(marble)、金属(metals)以及从冶金过程中得到的熔渣(slags),部长规章规定的岩石[如装饰石材(dimensional stone)、工业石材(industrial rock)],以及部长规章规定的黏土或砂[如工业黏土(industrial clay)、工业砂(industrial sand)],但不包括水、盐霜(salt efflorescence)、红土(lateritic soil)、其他岩石、黏土(clay)或砂(sand)。[①]

(四)许可证与矿权权利

许可证分为勘探许可证(Prospecting Permit)[包括一般(Prospecting Atchayabat)、排他性(Exclusive Prospecting Atchayabat)及特别勘探许可证(Special Atchayabat)]、临时采矿许可证(Provisional Prathanabat)、采矿许可(Prathanabat),以下分别介绍,但这些证照的具体申请程序在部长法规中规定。

---

① 《泰国矿产法》第4条。

（1）一般勘探许可证。该区勘探许可证由当地矿产资源办公室（Local Mineral Industry Official）颁发，有效期为 1 年，从颁发之日起计算。

（2）排他性勘探许可证。该证是指在规定区内从事排他性勘探工作而签发的一种许可证。由地方矿产资源官员签发，有效期为 1 年，且排他性勘探许可证申请应是对不超过 2500 泰亩的地方提出，但申请海上勘探的除外。

（3）特别勘探许可证。该证是指在规定地区内取得采矿许可证前签发的一种执照，要求更为严格，其由工业部部长签发，有效期为 3 年。

（4）临时采矿许可证。临时采矿许可证的申请应当向地方矿产资源官员提出，但是由工业部部长或其授权的人签发，有效期为 1 年，且不可转让。

（5）采矿许可证。采矿许可证由工业部部长签发，其有效期最长为 25 年，可以申请延长，但如果采矿许可证的申请人已经收到了临时采矿许可证，则采矿许可证的有效期应从签发第一个临时采矿许可证之日起计算。此外，如果临时采矿许可证累积的有效期超过了要签发的采矿许可证的有效期，不予签发该采矿许可证。

可以看出，泰国的矿业权同大多数国家一样，分为探矿权和采矿权，其中探矿权的权证不可以流转，而采矿权权证可以通过部分或全部转让的方式进行流转，并在一定的条件下探矿权可以转为采矿权。

(五)矿产资源税费制度

《泰国矿产法》在税费制度方面规定得较为简略，散见在不同的条款之中。

第一，申请人在申请许可证的时候必须支付申请费且需预先存入一笔费用，另外，在勘探许可证、临时采矿许可证、采矿许可证的处理、签发或更新时，还需提前向矿产资源办公室预交保证金或保证费。

第二，许可证的拥有者除了缴纳上述的费用之外，还必须向被授予的地区预先支付地表租费（mining area rental fees）。临时采矿许可证和采矿许可证的地表租费每年支付一次，均为提前支付。

第三，如果采矿许可证在转让的过程中需支付采矿权转让费（transferring fee），但通过赠送或继承的方式转让的不收取转让费。

第四，临时采矿许可证、采矿许可证、矿产购买执照的持证人，选矿中的其他矿产的占有人以及冶金加工执照的持证人，应该按照权利金（royalties）费率法支付权利金，权利金可以采取现金形式或银行担保形式。如果已经支付权利金的矿产拥有者向用户提出了满意的说明，拥有人有权申请退还权利金。

(六)矿产资源安全生产管理制度

《泰国矿产法》并未直接规定安全生产管理相关制度,采取间接的方式规定由部长法规(Ministerial Regulation)进行规范,如第17条规定"工业部部长应该负责和管理本法的执行并有权任命主管官员及发布部长法规",部长法规应规定"矿工的保护措施及采矿区意外人民的安全措施"[①]。

(七)矿产资源环境法律规制

《泰国矿产法》规定在采矿过程中,采矿许可证的持证人,不能在其采矿区以外排放采矿作业产生的矿泥(discharge slime)或尾矿(tailings)或采取必要的措施防止对公共水体产生危害。

此外,在采矿、选矿和冶金加工过程中执照持有人不能进行有可能产生对人体、动物、植物、财产有毒有害物质的任何行动,如果产生危害,地方矿产资源官员有权命令部分或全部暂停选矿作业,甚至吊销选矿执照。

(八)矿产资源监督管理体制

1.中央层面

工业部部长负责和管理本法的执行且有权任命主管的官员,并还可以通过发布部长法规的形式规定执行过程中的具体事务。根据本法设立委员会(Committee),委员会主席为工业部副部长,成员为皇家灌溉局局长(Director-General of the Royal Irrigation Department)、矿产资源局局长(Director-General of the Department of Mineral Resources)、森林局局长(Director-General of the Royal Forest Department)或这些局长任命的局长代表。委员会有责任向部长提出本法执行时的意见和建议。

2.地方层面(市、县)

市矿产资源办公室或县矿产资源办公室负责行驶本辖区内的管理权。但对具体的管辖权本法没有规定,为部长法规所调整。

---

① 《泰国矿产法》第17条。

五、缅甸

(一)矿产资源法律体系

在矿产资源方面相关的法律法规主要有:《缅甸矿山法》(*The Myanmar Mines Law*,缅甸 No. 8/94)和《缅甸矿山法实施细则》(*Myanmar Mines Rules*,NO.125/96)。《缅甸矿山法》作为规制缅甸资源的基本法,主要规定了矿产许可证的申请和颁发、为生产金属而利用土地和使用水的权利、税率、有关机构的职责、处罚等内容。《缅甸矿山法实施细则》对《缅甸矿山法》的某些内容进行了细化,以下主要研究该两部法律法规的主要内容,其他法律法规在必要时也将会提及。

(二)矿产所有权

同大多数东盟国家一样,矿产所有权归国家所有,《缅甸矿山法》规定"个人或机构拥有耕作权、占有权、使用权、享受权、继承权或移让权的土地,所有油田之下或油田之中天然产出的矿产,或所有在大陆架发现的天然气产出的矿产,根据现有法律,均被认为属国家所有"[①]。

(三)矿产资源类型及范围

矿产(Mineral)指通过开采或其他方式从地球上所获得的宝石(gemstone)、金属矿物(metallic mineral)、工业矿物(industrial mineral)和石料(stone)。并在《缅甸矿山法》中对宝石、金属矿物、工业矿物和石料分别进行了详细的界定。同东盟其他国家不同的是,缅甸对矿产的类型并未作排除性规定,如《越南矿产法》明确排除了石油和天然气。

此外,《缅甸矿山法》对矿山(mine)也进行了界定,指的是采矿场所、采掘地或工作场地,或这些场地附近与采矿和矿产加工有关的各种施工、建设、土地、机械和设备,也包括开采工业矿物和石料的采石场。有趣的是本法的名称为 Mines Law 而非其他部分东盟国家使用的 Mineral Law,故在此将本法译为《缅甸矿山法》。

---

① 《缅甸矿山法》第 24 条。

(四)许可证与矿权权利

《缅甸矿山法》和《缅甸矿山法实施细则》规定的许可证包括:勘查许可证(Mineral Prospecting Permit)、勘探许可证(Mineral Exploration Permit)以及开采许可证(Mineral Production Permit),其中开采许可证还被分为大型矿产开采许可证(Large Scale Mineral Production Permit)和小型矿产开采许可证(Small Scale Mineral Production Permit)。

1.勘查许可证。有效期不超过 1 年,并可以在许可证到期前 3 个月申请延长,所批准的土地面积不得超过 4200 平方公里。

2.勘探许可证。有效期不超过 3 年,并可以在许可证到期前 3 个月申请延长,延长 1 次最多为 1 年,但一般情况下最多只能申请延长 2 次。此外,许可证上所批准的土地面积不得超过 3150 平方公里。

3.大型矿产开采许可证。申请大型矿产开采许可证,应提交详细、严格的矿产开采计划,如应当包括利用矿物资源的方案、安全和环境保护方案、对就业的影响等等。对申请的财政条件也有严格的要求,申请人应有充足的财政能力、技术能力和经验等。许可证规定的有效期不超过 25 年,并可以在有效期满前 6 个月申请延长。此外,还规定了许可证的无效、暂停及取消等情形。

4.小型矿产开采许可证。相较大型矿产开采许可证,小型矿产开采许可证有效期大幅缩短,不得超过 5 年,可以申请延长,每次延长不得超过 1 年。另外,批准的土地面积不得超过 1 平方公里。

此外,探矿权和采矿权的权利人类型包括国内外个人和组织机构,均可以行使矿产的勘探权利,但需要注意的是,不同类型的矿产或规模,负责颁发许可证的部门也存在不同。

矿山部(Ministry of Mines)在经政府批准后,可对下列情形颁发许可证:由外国投资的宝石、金属矿物、工业矿物或石材的勘查、勘探,大规模生产或小规模生产;由本地投资的宝石的勘查、勘探,大规模生产或小规模生产;由本地投资的金属矿物的勘查、勘探,大规模生产或小规模生产。规划和工作监察局(Planning and Work Inspection Department of the Ministry of Mines)在经矿山部批准后,可对下列情形颁发许可证:由本地投资的工业矿物的勘查、勘探或小规模生产;由本地投资的石材的勘查、勘探或小规模生产。

许可证持有者如需在政府划定的矿区和宝石区以外进行矿产生产,可以为生产矿产而利用土地和公用用水,但需通过政府审核,并应与该土地有种植权、拥有权、享受权、继承权、移交权的人士或团体进行协商,经过同意后方可进行开采和利用。

(五)矿产资源税费制度

与其他东盟国家存在不同的是,《缅甸矿山法》单独以专章的形式规定了权利金(Royalty)的内容,要求按照矿山部规定的比率,就其销售的矿产缴纳权利金,如宝石的权利金比率为 $5\%\sim7.596\%$、金属矿物的权利金比率为 $4\%\sim5\%$ 或 $3\%\sim4\%$、工业矿物及石料的权利金比率为 $1\%\sim3\%$。此外,《矿业法实施规则》还规定了许可证持有者应缴纳的固定租金(dead rent)、年租金(yearly dead rent)等。

(六)矿产资源安全生产管理制度

《缅甸矿山法》涉及安全生产的内容较少,仅提及监察长(Chief Inspector)即矿业部规划和工作监察局的局长为安全生产的主管官员,其有职责检查矿井职员及矿工的健康、保安、安全措施、福利以及劳动纪律情况等。

《缅甸矿山法实施细则》规定的较为详细,如矿产生产许可证的持有者或管理者需提供一切必要的措施保障安全并阻止事故发生,并详细列举了应该采取的措施类型;矿产生产许可证的持有者或管理者必须制订紧急预防计划,防止自然灾害造成了人员伤亡;对暴露在存在物理、化学或生物危险的工作现场的工作人员,许可证持有者应进行风险提示并采取必要的保护措施、伤亡的急救措施和其他安全措施等。

此外,《缅甸矿山法实施细则》还对易燃易爆物品管理和事故报告等内容进行了详细的规定。

(七)矿产资源环境法律规制

《缅甸矿产法》在其宗旨中即规定了"避免因采矿而影响环保工作",如何防范为《缅甸矿山法实施细则》所明确,如勘探许可证和开采许可证的持有者,应当采取如矿坑回填、建立森林种植园或进行赔偿、科学处理液体废物、尾矿、烟雾以及防止采矿时排放有毒气体等措施防止破坏环境。[①]

---

① 《缅甸矿山法实施细则》第 109 条、第 110 条。

(八)矿产资源监督管理体制

矿山部为缅甸矿产资源的主管机构,并下设矿山部规划和工作监察局,局长兼任总监察长负责《缅甸矿山法》的监督管理。如果发现许可证持有者或管理者,以及任何工人,没有遵守本法的规定,或非法许可证中的条款,矿山部或矿山部规划和工作监察局可以通过行政手段采取处罚措施,如中止许可证、罚款、吊销许可证等。经政府批准,矿山部还可以发布禁令,禁止矿产的购买、储备、占有、运输、销售、调动等。

此外,矿山部或矿山部规划和工作监察局为执行该法经政府机构同意后,可颁布必要之条例与细则,也可以直接颁布必要之命令、指示等。如上述《缅甸矿山法实施细则》即为矿山部所颁布。

六、文莱

(一)矿产资源法律体系

主要调整文莱矿产资源的法律为《文莱矿业法》(*Brunei Mining Act*,Ch 42),最初从 1920 年 3 月 4 日开始实施,后陆续经过修改,现在主要适用 1984 年修改后的矿业法,主要规定了矿产许可证及其相关的权利义务,如勘探许可证(prospecting licences)和采矿租约(mining leases)等相关内容。

(二)矿产所有权

《文莱矿业法》虽然没有明确提到矿产资源所有权的归属问题,但规定任何人员没有授权不得勘探或采矿,文莱苏丹陛下(His Majesty the Sultan)和议会议长(Yang Di-Pertuan)可随时颁发勘探许可证或采矿租约。由此可以看出,文莱的矿产资源实际上处于政府的管理之下。

(三)矿产资源类型及范围

《文莱矿业法》规定矿产(minerals)指的是通过地下或地表工作能够得到的地层中或地下的物质,包括煤、金、所有金属物质、金属矿石及所有种类宝石,但不包括原油(crude oil)、石油(petroleum)或天然气(natural gas)。此外,需要注意的是,本法中矿产的勘探不包括地表 3 英尺以上的找矿活动。

(四)许可证与矿权权利

文莱规定任何人在土地上勘探或采矿,或在土地上从事以勘探和采矿为目的的行为需取得勘探许可证和采矿租约,否则将被视为违法行为,罚款 1 万美元,并没收所有的机械、设备、工厂、建筑物和其他财产及在该土地上由非法勘探和采矿得到的一切矿产品。

1.勘探许可证

《文莱矿产法》规定,勘探许可证可由文莱苏丹和议会议长随时颁发。勘探许可证签发的期限可由议长以个案的形式逐一评定,如果议长认为合适,还有权根据这些实际情况延长许可证的期限。此外,勘探许可证的取得必须缴纳不少于 10 万美金的保证金。

2.采矿租约

根据《文莱矿产法》的条款和由此制定的有关条例,如果议长认为应该授予申请人采矿租约,议长可依据该法授予采矿租约。承租人应在租约规定的时间内在指示的土地上开始采矿作业,在无明显相悖内容条款存在的情况下,承租人在租约期内的任何时候不得连续超过 12 个月停止有效的采矿作业。

采矿租约下可以转让,议长有权决定收取额外的费用,但没有部长的书面同意,煤炭采矿租约或其他有关矿产采矿租约不得转让。另外,采矿租约的期限等具体内容并未被该法规定,议长可以通过制定相关条例进行确定。

(五)矿产资源税费制度

勘探许可证的持有则应缴纳土地租金(rent)和权利金(royalty),权利金的数额应按照议长规定的数目交纳,并在许可证中进行明确规定。租金的通过在批准许可证或许可证更新时以预先付款的方式进行缴纳;权利金的缴纳依据从土地中采走的矿产数量来确定。同样,采矿租约应缴纳的租金和权利金数额应按议长规定的数目交纳,并应在采矿租约中明文规定,该租金和权利金应按租约中规定的时间和方式付款。

(六)矿产资源安全生产管理制度

矿产资源的安全生产制度以议长制定条例的方式进行规定,如《文莱矿业法》规定"议长可随时制定、修订、修改、撤销或取消与本法立法目的或本法发放勘查许可证目的不一致的条例"。① 这些条例可能规定"在勘查采矿作业中,为公众健康、安全或方便,以及为保护所雇用的工人应遵守的预防措施"②。

(七)矿产资源环境法律规制

该部分同前述安全生产管理制度一样,并未被《文莱矿业法》所规定,采取制定条例的方式进行规定。

(八)矿产资源监督管理体制

文莱苏丹和议会的议长为文莱矿产资源的直接主管人员,可随时颁发勘探许可证和采矿租约。此外,文莱议会的议长还有制定条例的权力,可以随时制定、修订、修改、撤销或取消与本法立法目的或本法发放勘查许可证目的不一致的条例等。

七、老挝

(一)矿产资源法律体系

2011 年 12 月 20 日,老挝发布了新修订的《老挝矿产法》(*Law On Minerals*,Revised Version,2010),该法于发布后的 90 日后生效,对 2008 年《老挝矿产法》进行了部分修订。《老挝矿产法》为规制老挝矿产资源的主要法律制度,明确规定了矿产资源的管理、使用、保护的原则、制度及措施以及矿产行业经营活动,如矿产普查、勘探、开采及加工等,下文的内容主要以该法为基础。

(二)矿产所有权

矿产所有权归国家所有,《老挝矿产法》规定"老挝人民民主共和国领域内

---

① 《文莱矿业法》第 23 条。
② 《文莱矿业法》第 23 条。

的所有地上、地下和水下的矿产资源归全国人民所有,由国家实行集中统一管理"。[①]

(三)矿产资源类型及范围

《老挝矿产法》中的矿产指的是以固体、液体和气体等物理和化学形态自然生成而无生命的矿物质,是不可再生资源。如:金(gold)、银(silver)、铜(copper)、铁(iron)、锡(tin)、宝石(precious stones)及含有矿物的岩石(rock containing minerals)、煤(coal)、石油(oil)、天然气(natural gas)、矿石化液(mineral water)、温泉(hot spring)、地热(geothermal waters)及其他。但原油、土石、沙石、建筑材料及其他均不在该法管理权限内。

(四)许可证与矿权权利

矿产许可证主要包括:普查许可证(Mineral Exploration Permit)、勘探许可证(Mineral Prospecting Permit)、开采许可证(Mining Permit),许可证的取得须由能源矿产部(Ministry of Energy and Mines)批准。

1.普查许可证

由国家能源矿产部审批,普查许可证的期限不能超过 2 年,但经政府批准可以申请延长,普查期届满后可延期 1 年。取得普查许可证的公司可在 1 至 2 个活动区域内开展普查活动,每个区域的面积不超 500 平方千米。

2.勘探许可证

由国家能源矿产部审批,勘探许可证的有效期不超过 3 年,勘探期届满后可申请延期,但延期的期限不得超过 2 年。

3.开采许可证

由国家能源矿产部审批,矿产开采期为自批准开采之日起 20 年,可延期限不得超过 5 年,5 年内具体年限由国家依据矿山的实际情况作出决定。

---

① 《老挝矿产法》第 4 条。

(五)矿产资源税费制度

在老挝,《老挝矿产法》目前还没有专门的适用于矿产勘探、开采的财税规定。老挝一般的税法针对矿产投资征收下列税费:利润税、所得税、增值税、进出口关税和印花税。

(六)矿产资源安全生产管理制度

矿产投资者应保障劳动者的安全和身体健康,制定措施、警告信号系统体系,以防控其他负面的影响,以杜绝对劳动者在矿山的人身安全隐患。按照《劳动法》每个矿产项目必须为劳动者建立安全与健康委员会(safety and labor health committee),该委员会必须有劳动者代表。

此外,为了保障劳动者的安全和身体健康,矿产投资者须制定关于劳动者安全与健康的制度措施;开采、建设及机械设备的设置设计必须符合技术标准;必须使用高效的高科技技术防控污染源,提供劳保装备以确保劳动者安全;有确保放置炸药和化学用品的场所、仓库等等。

(七)矿产资源环境法律规制

《老挝矿产法》在环境保护方面规定得较为严格,对矿产投资者设定了诸多义务,如要求制定环境管理规划;如果由于矿产商业影响导致老百姓搬迁的,还需制订老百姓搬迁安置计划;制订矿山关闭后整改开采面积计划;依照法规负责赔偿由于矿产经营所造成的损失;建立环境保护基金;建立项目污水治理设备以保障人类、动物健康;定期向相关矿产管理检查机构递交社会环境影响评估总结报告等。

此外,为了保障矿区的可持续发展,矿产开采还须符合《国家社会发展规划》《工业矿产发展战略规划》和《全方面使用与开发土地规划》。如果开采时或在关闭矿山后造成了环境的破坏,矿产投资者须采取措施予以解决。

(八)矿产资源监督管理体制

老挝的矿产管理机构分为中央与地方层面,能源矿产部在全国范围内统一管理,地方管理机构为省、市能源矿产厅(Provincial and City Energy and Mines Department)与县、镇能源矿产局(District,Municipality Energy and Mines Office)。此外,计划投资部、工商部门和其他地方机构作为协调部门,在必要的时候也会协调矿产资源的管理。

1.能源矿产部

能源矿产部的主要职责有:制定战略规划、政策规划、法律法规和推广政策方针;起草关于矿产的国家法规制定、政令、条例和其他法规;关于矿产法律法规的组织执行与宣传、指导、监督工作;依照国家交给的任务,参与矿产投资的谈判和签署矿石权项目协议;给投资者出具或颁发普查、勘探、开采、建矿产加工冶炼厂许可证和延期,以及可行性经济技术研究证明;有违反合同行为的可向国家提交停止或吊销矿产商业经营活动建议;监督管理矿产普查、勘探、开采、加工、提炼矿产品及矿产品的销—购;依法出具矿产进出口、用于矿产商业经营的交通用具、机械设备使用证明,包括许可送矿石样去化验分析的批准事项等。

2.省、市能源矿产厅

省、市能源矿产厅的主要职责有:推广和组织实施能源矿产部和省、市国家机构出台的矿产战略规划、批文、命令、通知、关于管理制定指导书、保护和利用;在自己责任范围内进行矿产登记、指导、鼓励、监督及评估县、镇能源矿产局工作组织执行成效;依法出具特别矿产商业经营许可证及延期;向能源矿产部提交停止或吊销特别矿产商业经营许可证的建议申请;监督和评估矿产项目、矿产商业经营情况,包括自己所属责任范围内地方百姓发展基金使用;与其他相关部门、地方相关国家机构协调后,以促进管理、监督矿产商业经营活动;证明矿产项目工作开展情况,然后向能源矿产部和省、市国家机构报告;定期向能源矿产部和省、市国家机构汇报矿产项目工作成果总结报告等。

3.县、镇能源矿产局

县、镇能源矿产局的职权和任务主要有:组织实施关于矿产工作的规划、批文、命令、通知、关于管理制定指导等;经省、市能源矿产厅同意决定出具无商业性手工采矿石和手工宝石开采许可证;与相关地方国家机构和部门协调给矿产商业经营提供便利,其包括自己职权范围内对矿产业务活动进行监督;定期向能源矿产厅和县、镇国家机构汇报矿产工作执行总结报告等。

八、柬埔寨

(一)矿产资源法律体系

柬埔寨的矿业法已于1968年开始颁布实施,但由于其配套法规及管理制度缺失,致使该法一直没有真正地实施。经过柬埔寨政府和有关国际机构的共同努力,直到2001年出台了新的柬埔寨《矿产资源管理和开发法》(*Law On Mineral Resource Management And Exploitation*,2001),该法主要规定了矿产许可证、矿业的经营等内容,但石油的开发管理并未被该法纳入,而由单独的石油法规调整。

(二)矿产所有权

《矿产资源管理和开发法》规定所有矿产资源的所有权均属于国家,不管是位于柬埔寨领土的地上、地下、地中,还是位于山脉、高原、领海、海岛、海床之中或之上。

(三)矿产资源类型及范围

根据《矿产资源管理和开发法》的规定,矿产是指由地质运动而自然生成,通过在土地之中或之上、海洋或海床之中或之上开采而出的物质,呈固体、液体或气体状态,包括:宝石(gemstones)、煤炭(coals)、金属和非金属矿(metal and non-metal mines)、矿泉水(mineral water)、岩石(rock)、沙砾(gravels)、沙石(sand)、粘土(clay)、石油(petroleum)和天然气(gas)。但是,与石油、天然气相关的开采、经营等内容被排除在外,由其他的相关法律法规进行单独规定。

(四)许可证与矿权权利

在柬埔寨必须得到矿产资源管理部门发放的许可证,方可进行矿产开发、经营活动。但也存在例外的情形,如对于私人土地所有人和合法占有人而言,即使没有许可证,也可使用沙砾、沙石、岩石、黏土等,但不得运出自有土地边界。此外,柬埔寨政府禁止在被划为国家文化、历史和遗产的国有土地上进行勘探(prospecting)、勘查(exploration)和开采(mining)。

《矿产资源管理和开发法》中规定矿产权许可证分为六类:手工采矿许可证、矿坑和采石场许可证、宝石采矿许可证、矿产改造加工许可证、勘探许可证、工业采矿许可证。

1.手工采矿许可证(Artisan Mining License)

此证最大的特点是只能颁发给高棉人(Khmer nationality)进行矿产资源的勘探和开发,并且要求此种勘探开发只能使用当地普遍易得的工具,亲力而为,或者在不超过 7 个人的情况下由家庭成员协助进行。采矿人仅限于勘查和开采处于松散状态的粉砂、沙砾、沙石和岩石,并且限定在方圆不超过 1 公顷、最大深度不超过 5 米的范围内。

2.矿坑和采石场许可证(Pits and Quarries Mining License)

此证可以颁发给符合资格的自然人或法律实体,勘探和开采的建筑和工业矿物用于建筑、化工,并且应从许可证规定的矿坑和采石场采取。

3.宝石采矿许可证(Gem-Stone Mining License)

此证可颁发给符合资格的自然人或法律实体,以勘探和开采宝石、半宝石和装饰石材。

4.矿产加工许可证(Mineral Transforming License)

此证可颁发给符合资格的自然人或法律实体,但对用途进行了限定,仅用于改造加工宝石、半宝石和装饰石材。

5.勘探许可证(Exploration License)

此证可颁发给符合资格以及有能力的自然人或法律实体,用于矿产勘探和潜在储量研究。故同前面的许可证存在一定的区别,对自然人或法律实体的能力有一定的要求。申请勘探许可证,最大申请面积不得超过 200 平方公里,有效期为 2 年,可延期 2 次,每次可延期 2 年,但每次延期要求交回 30%面积的土地。

6.工业采矿许可证(Industrial Mining License)

此证可颁发给勘探许可证持有人,用于在划定的勘探许可证界限内开展勘探,以及开采经济上可行的矿产资源的依据。采矿许可证没有面积限制,有效期限为 30 年。此外,如果矿产资源管理部门认为申请勘探或开采的是对国家具有特殊重要性的大型项目,该部将与申请人协商谈判,达成矿产投资补充协议(Supplementary Mineral Investment Agreement),附于许可证之后。

(五)矿产资源税费制度

矿产许可证的申请人或持有人应向国家缴纳注册登记费(fees of registration)、中止申请费(fees of application for suspension)、延期费(fees of renewal)、转让费(fees of transfer)以及年度土地租赁费(fees of annual land rental)。除勘探许可证和改造加工许可证持有人之外,其他许可证持有人均应就开采出的有价矿产向国家缴纳特许权使用费(royalty on the value of minerals extracted)。

详细的税收制度并未被《矿产资源管理和开发法》所规制,但"根据相应法律,应建立专门税收体制,以适用于第 11 条规定的 6 类矿产许可证的产出和收益"[①]。

(六)矿产资源安全生产管理制度

根据规定,各矿产许可证持有人或分包人应尽到保护工人健康和安全的义务,具体遵循采矿计划、采矿健康和安全计划的详细说明,以及事故预防和报告程序的规定。此外,必须保护矿场及周边的公共安全,具体由采矿计划详细说明。

工业矿山能源部任命的官员负责监督该法的实施,对安全生产进行检查,确保涉及工人、公众健康以及安全的法规得到全面实施。

(七)矿产资源环境法律规制

为了在发展经济的同时维护良好的生态环境,柬埔寨政府的施政纲领规定,政府的每个矿业项目都必须与环保同步进行。从 1999 年 8 月起,柬埔寨所有矿业项目都要向柬埔寨环境部提交环境影响评价报告(environmental impact assessment and study),在其施工计划达到环保标准后才准予动工。环境部还定期对所有工厂、企业、手工业作坊的环保情况进行评估检查。

---

① 《矿产资源管理和开发法》第 31 条。

《矿产资源管理和开发法》要求各矿产许可证持有人遵循环境保护和自然资源管理法、环境影响评价和研究报告、环境管理计划（environmental management plan）、矿场恢复和修复保证（mine site restoration and rehabilitation）、财务保证（financial guarantees）等。

（八）矿产资源监督管理体制

工业矿山能源部负责代替国家行使对矿产资源的管理权力，且与部分东盟国家存在区别的是，柬埔寨并未对中央与地方的矿业权进行划分，柬埔寨并没有将矿业权的批准权限下放到各省。而是规定申请手工采矿许可证的高棉人，可向手工采矿所在省、市由工业矿山能源部授权的区域办公室官员提出申请。申请其他五项矿业权证的自然人或法人，只能向工业矿山能源部设在金边的矿产许可证登记办公室提交申请。

九、菲律宾

（一）矿产资源法律体系

菲律宾现行的矿业法规是 1995 年的《菲律宾矿业法》（*Philippine Mining Act of* 1995，Republic Act NO. 7942）及其相关的执行规章制度。该矿业法以亲民、亲环境为宗旨，以政府和私人部门共同促进合理勘探、开发、利用、保护矿业资源为目标，提倡共同参与管理与合作，共享利益，注重环境与社会安全。矿业法颁布以来，菲律宾的矿业开发有所恢复，地质勘探也有了新的进展。

（二）矿产所有权

《菲律宾矿业法》规定，菲律宾所有矿产资源归国家所有，任何勘探、开发、利用和矿产品加工活动都要受到政府的监督与控制。国家可以直接对矿产资源进行开发，也可以通过与承包人签订承包协议的方式开始。菲律宾政府设有多级矿业管理机构，国家环境和自然资源部（Department of Environment and Natural Resources）作为主管部门，负责管理、开发和合理利用矿产资源，以及发布相应的法规，下文将详细介绍其职责。

此外，《菲律宾矿业法》还注重对土著文化（indigenous cultural communities）的

保护,如第 4 条规定了"国家应在宪法规定的情况下,承认并保护土著文化社区"。

(三)矿产资源类型及范围

同其他部分东盟国家(如缅甸、泰国等)存在区别的是,《菲律宾矿业法》并未对矿产进行分类和列举,如其规定矿产指自然生成的任何固态、气态、液态或任何其他状态的无机物,不包括能源物质,如煤(coal)、石油(petroleum)、天然气(natural gas)、放射性物质(radioactive materials)、地热能(geothermal energy)等。

(四)许可证与矿权权利

菲律宾矿山勘探和开采的许可、协议和合同主要包括:(1)勘探许可(Exploration Permit);(2)矿产协议,包括矿产品分享协议(Mineral Production Sharing Agreement)、合作矿产品分享协议(Co-production Agreement)、合资协议(Joint-venture Agreement);(3)金融和技术援助协议(Financial Or Technical Assistance Agreement);(4)采石场许可(Quarry Permit);(5)砂开采许可(Sand and Gravel Permit);(6)小型矿开采许可(Small-scale Mining Permit);(7)矿产品加工许可(Minerals Processing Permit);(8)原矿运输许可(Ore Transport Permit)等。以下主要介绍几个主要的许可和协议。

(1)勘探许可

勘探许可由地质矿业局局长或地区办公室主任签发。允许任何有资质的菲律宾公民或菲方控股公司(菲方股份占 60％以上)或外资占 100％股份的公司在规定时间内进行矿产勘探活动,但是并不附带采矿的权利。如果被许可者经过勘探成功地发现了矿藏,有权申请将许可升级为矿产合同和融资或技术援助协议,以进入下一步的实际开采。勘探期限为 2 年,每次延期为 2 年,整个期限不得超过 6 年。勘探许可面积:①陆地,在任何一个省,个人允许面积 1620 公顷、公司允许面积 16200 公顷;在全国范围内,个人允许面积 3240 公顷、公司允许面积 32400 公顷;②海洋,个人允许面积 8100 公顷、公司允许面积 81000 公顷。

(2)矿产协议

矿产品分享协议、合作矿产品分享协议以及合资协议由环境和自然资源部部长签发。允许任何有资质的菲律宾公民或菲方控股公司（菲方股份占60%以上）享有勘探、开发和开采的专有权，承包商应提供必要的融资、技术、管理和人才。合作矿产品分享协议和合资协议均为政府执股参与，目前政府只向承包商提供矿产品享有协议。通常，政府与资质合格的当地承包商签订矿产合同，合同期限不能超过 25 年，可以继延，延期不得超过 25 年。采矿许可面积：①陆地，在任何一个省，个人允许面积 810 公顷、公司允许面积 8100公顷；在全国范围内，个人允许面积 1620 公顷、公司允许面积 16200 公顷；②海洋，个人允许面积 4050 公顷、公司允许面积 40500 公顷。

（3）融资或技术援助合同

由总统签发。允许任何有资质的菲律宾公民或菲方控股公司（菲方股份占 60%以上）或外资占 100%股份的公司大规模勘探、开发和利用矿产资源。合同的条款以及政府股份可以协商，合同期限不能超过 25 年，可以继延，延期不得超过 25 年。采矿许可面积：①陆地 81000 公顷；②海洋 324000 公顷。

（4）矿产品加工许可

由环境和自然资源部部长签发。允许任何有资质的菲律宾公民或菲方控股公司（菲方股份占 60%以上）以及外资占 100%股份的公司建立和运营矿产品加工厂。为期 5 年，可以延期但不能超过 25 年。[①]

（五）矿产资源税费制度

《菲律宾矿业法》中提及的矿业税种、收费主要包括：

1.所得税（Income Taxes）

在 1987 年综合投资法规定的优惠期以外，承包商须根据菲律宾国内税收法交纳所得税，通常为 32%。

2.矿产品消费税（Excise Tax on Mineral Products）

承包商将依照国内税收法交纳矿产品消费税。通常依据矿产品实际总产值征收 2%。

---

① 中华人民共和国驻菲律宾共和国大使馆经济商务参赞处：《菲律宾矿业法规与政策概况》，http.mofcom.gov.cn/articl/law/200805/200805055263424.shtml.

3.占用费（Occupation Fees）

承包商占用土地,如果是在矿储藏区内,按每年每公顷 100 比索征收。如果是在矿储藏区以外,勘探按每年每公顷 10 比索征收,采矿按每年每公顷 50 比索征收。环境和自然资源部可以根据情况提高该项费用。

4.矿业残渣和废弃物费（Mine Wastes and Tailings Fees）

由环境和自然资源部确定,并可以根据情况提高该项费用。

5.地方税

公共税、不动产税和当地营业税等。

6.关税

在进口机器和资本物资时需要支付 3％税率。

7.增值税

进口除交纳关税外,还得交纳 10％的增值税,出口产品可免收增值税等。

(六)矿产资源安全生产管理制度

《菲律宾矿业法》规定了严格的安全生产制度,要求所有矿权人或矿山企业遵照执行,主要包括:

1.禁止 16 岁以下人员从事任何采矿作业,禁止 18 岁以下人员从事地下采矿作业。

2.超过 50 名工人的矿至少要配备 1 名具有 5 年以上采矿工作经验的职业工程师和 1 名注册领班。

3.地区办公室指导人员可以随时到现场监督检查采矿作业情况,要求承包商做出补救措施,消除危险隐患,并可暂停采矿作业,直到危险解除。

4.出现重大伤亡事故须及时报告地区办公室。

(七)矿产资源环境法律规制

1. 环保计划

《菲律宾矿业法》要求承包商在矿业合同或许可期内保护环境,并制订环保计划。在承包商或被准许人提交矿业合同或许可申请文件时,应包括环境保护准证及环保计划。承包商被要求拿出相当于整个项目 10％的资金作为与保护环境有关的费用。

2. 环境影响评价(Environmental Impact Assessment)

除非在勘探许可、采矿协议或融资与技术援助协议的勘探期限内,环境许可证书的取得应当包含环境影响评价及评价程序,环境影响评价及评价程序应基于菲律宾的环境影响评估系统做出。

(八)矿产资源监督管理体制

菲律宾政府设有多级矿业管理机构,国家环境和自然资源部作为主管部门,负责管理、开发和合理利用矿产资源,以及发布相应的法规。国家环境和自然资源部部长可以代表政府签署矿山开采合同;国家环境和自然资源部下属的地质矿业局,直接负责矿区和矿产资源的管理、配置,进行地质、采矿的研究,以及矿山的地质勘探等工作。此外,还负责推荐矿山合同及承包商,以供部长批准,并监督承包商合同执行情况;地质矿业局设有地区办公室,负责授权事项的处理。

第三章

美国矿产资源法律制度及相关法律问题

第一节　矿产资源法律体系

美国矿产资源法律体系主要由联邦法律和各州法律组成,而联邦法律对于矿产资源开发利用的规定也不够统一,主要散见于很多土地法案以及自然资源开发利用和环境保护法案之中。1872年《采矿法》虽然属于一部专门性的矿产资源法律,但由于其所规定的内容不能覆盖全部矿产资源,而且非常久远,因此其法律效力也比较有限。下面所列的法案都是属于针对矿产资源有所规定的法律,但其中《联邦土地政策及管理法》也只是部分涉及。

1.联邦法律

美国矿产资源法的联邦法律规定主要集中于法典(United States Code)第30篇"矿产土地及采矿"(Mineral Lands and Mining)。从单行法来看,主要有以下四部法律:

(1)1872年《采矿法》(*General Mining Act of* 1872)

(2)1920年《矿产资源租赁法》[*Mineral Leasing Act of* 1920 (*amended*)]

(3)1947 年《受让土地矿产资源租赁法》(*Mineral Leasing of Acquired Land Act of* 1947)

(4)1976 年《联邦土地政策及管理法》(*Federal Land Policy and Management Act of* 1976)

除上述四部主要法律之外,还有《石油及能源法案》《露天采矿管理及回采法案》(*Surface Mining Control and Reclamation Act of* 1977)等。

2.联邦法规

美国矿产资源法规主要规定在联邦法规汇编(Code of Federal Regulations)第 30 篇"矿产资源"(Mineral Resources)以及第 43 篇"公共土地:内政部"(Public Lands:Interior)之中。但真正起到矿产资源管理作用的还是第 43 篇,而不是第 30 篇。

3.矿产资源管理部门

根据联邦法律以及法规的规定,联邦矿产资源开发利用的主管部门主要是美国内政部(DOI)的土地管理局(Bureau of Land Management,简称 BLM),各州 BLM 负责 mining claim 的登记、变更、转移登记、吊销以及收费等,也负责 mineral lease、mineral license、mining permit 等方面的管理。此外,矿产所在地的县土地管理部门(county)负责属地管理。此外,如果矿产资源开发利用涉及森林、河流等地域的,还要经过美国森林管理局(Forest Sevice)审批,或颁发许可证。其他相关管理部门包括能源部(DOE)、农业部(DOA)以及环保部(EPA)等。

一、美国矿业产权制度

美国 1872 年《矿业法》为其矿业产权制度奠定了基石。目前,美国矿产管理体制和土地所有权关系密切,地下矿产资源所有者一般属于土地所有者。联邦、州、印第安部落和私人分别拥有 283 万、141 万、36 万和 470 万平方公里的土地,由此矿产资源也就分别归属上述不同的土地所有者。

就矿产资源的地理分布而言,联邦政府所有的矿产资源主要分布在美国的西部。在美国东部,大部分的自然资源属于私人所有。尚有少量矿产资源位于州政府所有的土地之下,属各州政府所有。

此外,美国海岸线以外 3～10 英里延伸到 200 英里以上的海上大陆架、阿拉斯加州的大部分、国家森林、国家公园、野生动物保护区的矿产资源属联邦政府所有,而海岸线 3～10 英里以内的河流、公立学校等的矿产资源属州政府所有。

二、美国矿业管理体制

联邦政府、州政府和私人分别只对属于各自土地上的矿产开发进行管理,管理权限明确,操作简便、易行。

联邦政府主要负责制定矿产战略、确立竞争规则和维护资源的可持续开发,为本国矿产业提供经济、技术和制度上的管理框架,并负责联邦所有土地内矿产资源的勘查、开发。在联邦政府层面,内政部、能源部、贸易开发署、进出口银行、商务部、农业部、环境保护部、国家科学基金、国防部等多个政府部门负责联邦资源的矿产管理。

州政府负责州所有土地和私人所有土地内矿产资源的勘查和开发。各州均成立了矿业部(或矿业能源部、矿产资源部、自然资源部等),管理其矿业权和征收相关税费,在州一级没有能源管理部门。

私营企业通过参加政府公开招标租售程序获得矿产开发和生产权,政府不直接干预私营企业的生产和经营。在州属和私人土地上进行矿产勘探开发活动时,由各州立法并进行管理。

三、美国矿业税费情况

美国矿业资源税费包括矿产资源收费和矿产资源税。具体收费内容包括:(1)红利。红利又称租赁红利或现金红利等,是承租人付给出租人的矿产租约报酬,它以每英亩产出作为支付标准。(2)矿地租金。矿地租金又称延期地租,一般情况下,典型的租约在 1 年内终止,而延期地租就是矿产公司为延期勘探和生产等活动、保持合同的有效性而支付给出租者的费用。它不是对矿产生产的赔偿,而是支付延期勘探和生产租赁所有权的开始。(3)权利金。即矿区使用费,是矿区开始生产后承租者一般按矿产品销售收入(或销售量、利润)一定比例支付给出租者的部分,在生产暂停时,承租者应支付最低权利金。美国对联邦土地上可租让矿产的权利金费率为:石油、天然气、煤炭(露天矿)12.5％,地热 10％～15％,其他矿产多为 5％。(4)废弃矿物土地收费。对地下和地表矿产都按每吨 0.315 美元的标准征收废弃矿山土地收费。(5)超级基金。它是一种环保型基金,主要用于治理全国范围内闲置不用或被抛弃的危险废物处理场,包括工业用地、汽车加油站、废弃库房、废弃的可能含有铅或石棉的居住建筑物等,并对危险物品泄漏做出紧急反应。

矿产企业涉及的主要税收有:(1)资源税(有的州称为采掘税或矿产税)。是由州政府对开采煤炭、石油、天然气和其他矿产资源的行为开征的一种税。目前,美国有一半以上的州开征资源税,各州的征税对象和具体名称也是五花八门。(2)暴利税。美国自 1979 年 6 月 1 日起放宽价格管制,针对石油公司所获得的超额利润,于 1980 年 2 月 2 日对国内生产原油征收联邦货物税,在 1991 年年底取消,近期美国国会又在考虑征收暴利税。(3)企业所得税。美国的企业所得税率为 29％,在经合组织中仅次于日本。

税费资金管理有以下几种:

(1)全国性的收费资金管理。全国性的矿业税费涉及矿业和环保部门,前者以废弃矿山土地收费为代表,后者以超级基金为典型。

美国的废弃矿山土地收费由联邦地表矿业局征收,资金用于两个方面:一是土地恢复,用于恢复因山崩、河流改道、危险边坡、地表下沉、水源流失、酸性矿井和开放矿口等造成的土地破坏;二是水源设施损毁后的水源供应。废弃矿山土地收费资金由州政府提出使用计划,报联邦政府批准。资金使用排序原则是基于矿山开采活动对生态环境和人体健康影响程度,如人体健康、生产安全和环境保护。

超级基金来源于企业上缴的附加税、联邦普通税、基金利息以及费用承担者追回的款项等,主要用于支付废物处置所需的迁移和补救行为、因泄漏危险物质而造成的对"天然资源"的破坏,等等。值得一提的是,美国超级基金法案授予环保部门很大的裁量权。如按照该法案第 102 条授权,美国环保局(EPA)局长可以颁布规章,指定只要渗漏到环境中去就可能对公众健康、福利和环境造成"实质性危害"的物质为"危险性物质"。当事人不管有无过错,任何一方均有承担全部清理费用的义务。法案也允许 EPA 先行支付清理费用,然后再通过诉讼等方式向责任方索回。

(2)地方性的收费资金管理。如北弗吉利亚地区征收煤炭和天然气服务税,按吨征收比率为:煤炭 2％、天然气 3％。资金由地方政府负责筹集,受审计部门和司法机关的质询和监督,并向联邦政府和州政府汇报。

煤炭和天然气服务税用于支持三个方面：弗吉利亚煤炭经济发展局（VCEDA）、地方煤炭和天然气道路改善基金以及地方政府的开支。其中，VCEDA是弗吉利亚州议会1988年批准成立的地方经济发展组织，该机构提供几项独特的激励和筹资机制，以扩大就业和调整结构。VCEDA资金支持领域包括：固定资产投资、出售或者出租房屋建筑的建设、设备安装以及增加就业和产出的相关企业。

为了鼓励地方经济和产业转型，吸引外来企业投资，VCEDA对相关项目或者企业给予激励，激励标准包括就业岗位创造、工资水平和私人投资额度方面。例如，企业新雇员工工资水平应至少是最低工资水平的1.5倍，私人投资额度不得低于一定的规模。

当然，为了提高资金使用效率，VCEDA并不是都无偿补助企业，而是提供低息贷款，所提供的低息贷款一般占其批准资金额度的90％。而且，VCEDA提供给企业的低息贷款规模也有一定的控制。企业每新增一个就业岗位，VCEDA将提供不超过1万美元额度的低息贷款。此外，政府当局对企业资金使用状况也进行跟踪。一旦发现企业业绩不佳（如创造就业机会不多或者经营效益不佳），就会放弃低息贷款优惠政策甚至不予支持。对于企业套现政府资金的行为，政府当局将对企业提起司法诉讼。

美国矿业税费政策随着经济发展重点的变化而变化。19世纪末及20世纪初，美国重点是推动矿业发展，其标志是1872年规定的自由进入、让渡特权及免征权利金制度的矿业法。到20世纪中叶，出于国防战略利益的需要，美国政府采取了一系列鼓励矿业发展的税费优惠，包括耗竭补贴（美国对矿山资源的耗竭补贴率一般为14％～22％）、矿产勘查和开发支出扣减以及鼓励性的投资回收制度等，甚至对一些根本不盈利的矿山开采给予补贴政策。近年来，美国政府越来越注重矿业企业对环境恢复治理的影响，政府鼓励矿业开发的政策优惠措施有所削弱，甚至对矿业开采进行了严格限制，奥巴马当局甚至否决了国内一些大型矿业企业的矿山开采计划。尽管如此，由于美国矿业企业特别是西部矿业企业在政治上占有强势，国内的矿业企业经常通过议会影响到政府决策。政府行政当局和议会的权力较量，有时也影响政府环保政策的出台。

第二节　矿产资源出让

由于美国的矿产资源隶属于土地进行管理,任何土地所有者都当然享有地表以及地下的资源的所有权,即包括地表权和矿产权。

一、关键术语

美国矿产资源法常用的几个关键术语有矿区界分权(mining claims)、矿权租赁(mining lease)、优先租赁权(preference right lease)、勘查许可证(prospecting permits)、租金(rentals)、权益金(royalties)以及担保金(bond)等。所有这些术语中,最难以理解和界分的就是"mining claims""mining lease"以及"prospecting permit",这也是为什么很多中国学者不假思索地将其错误地理解为"矿业权"的原因之一。

(一)矿区界分权(mining claims)

"矿区界分权"主要是指经过前期勘探之后发现有价矿产资源的,在其勘探地区设立明显矿区标记,并向土地管理部门(BLM)或农业部森林保护局(Forest Service)申请登记之后取得一种权益。它是 1872 年《采矿法》基于先占原则(rule of occupation)而予以规定的一项联邦采矿的核心制度。获得Mining claim 必须要满足以下基本条件:

1. 该土地属于联邦可自由进入的土地。只有自由进入的联邦土地(public domain lands),才可以对土地范围内的矿产资源进行勘探,否则就要获得土地所有权人的同意。如需要进行勘探的土地属于私人所有的,则需要通过与土地所有权人签订矿权租赁来获得勘查的权利。

2. 属于1872年采矿法规定的矿种范围。根据美国矿产资源的分类来看,主要适用于"可定位的矿产资源",如果是非金属矿产、液态或半固态矿产的,则不能采用矿区界分权的方式取得矿权。

3. 该土地是属于可以采矿而且未被他人占有的土地。

4. 已经发现有价值的矿产储量。在 *Cole v. Ralph* 案件中,法官认为"矿区划界是矿区界分的一项行为,但是在没有发现矿产资源的情况下,不产生权

47

利效力,矿区划界和发现有价值矿产资源是矿区界分的必要构成要件"①。

根据采矿人是否享有土地所有权为标准,矿区界分权(Mining claims)可以区分为享有土地所有权的矿区界分权(patented mining claims)和不享有土地所有权的矿区界分权(unpatented mining claims)。但是,1994 年,国会在内政部的年度财政预算方案上增加了附加条款,要求内政部不得受理土地所有权购买申请②。从那以后,基本上就不再允许采矿人购买联邦土地,从而获得享有土地所有权的矿区界分权。根据不同类别的矿床,可以将"矿区界分权"划分为岩石矿矿区界分权(lode claims)和冲积砂矿矿区界分权(placer claims),此外,为了探矿和选矿的方便,mining claims 还包括另外两种类型,即选矿厂(mining sites)和矿洞(tunnel sites)。

根据联邦行政法规汇编第 43 篇第 3500 章"煤和油页岩之外的固体矿产租赁"(Leasing of Solid Minerals other than Coal and Oil Shale)的规定,针对hardrock minerals,即便是获取了 mining claims,其采矿行为也必须与土地所有权人签订矿权租赁(mining lease)合同,承诺向所有权人缴纳租金和权利金,甚至还有签约费之后,方可以进行采矿。

关于 Mining claims 是否属于财产权,在美国学界和司法界存在着不同的见解。佛蒙特法学院 Patric Parenteau 教授认为,mining claims 因为它不代表 claimant 依法享有了核定矿区内矿产资源的所有权,但是可以进行转让。他在回复我的邮件中解释道"Mining claims on public lands are not property rights but they do give the holder the right to explore and perfect the right by proving that there is a commercially valuable deposit of a particular mineral. There is typically a time limit to how long the claimant has to 'prove up'"。但是,同样在美国联邦最高法院 1920 年判决的 *Cole v. Ralph* 案件中,最高法院认为,只要该矿区划界符合评估要求且有效,发现有价值矿

---

① "Location is the act or series of acts whereby the boundaries of the claim are marked, etc, but it confers no right in the absence of discovery, both being essential to a valid calim."参见 *Cole v. Ralph*, 40 S. Ct. 321 (1920)。

② "In 1994 Congress called a halt to the practice, by including a rider on the Interior Department's annual appropriation bill that prevented the acceptance of new patnet applications." George Cameron Coggins, Charles F. Wilkinson, John D. Leshy, Robert L. Fischman, *Federal Public Land and Resources Law*, six edition, Foundation Press, 2007, p.589.

产储量的矿区划界产生了一项排他性的所有权及其利益,属于完全意义上的财产权,权利人有权进行销售和做其他形式的处置①。尽管这个案件的判决已经过于久远,但是加利福亚东区联邦地区法院在 2012 年 11 月 5 日审结的 *John H. McKown, IV v. United States of America* 案件中,法官 Sheila K. Oberto 认为,"一旦界分了特定区域内的矿产储量,那么不享有土地所有权的矿区界分权则属于完全意义上的财产权,而不受其地表美国土地所有权的影响,并且构成了财产权益,从而受第五修正案的保护,在没有给予合理赔偿的情况下不得剥夺该私有财产权"②。

(二)矿权租赁(mining lease)

矿权租赁(mining lease),有些时候又称之为 mineral lease,主要用于两种情形:

1. 特定矿种必须采取矿权租赁。根据《矿权租赁法》的规定,非金属矿产、液态矿产、半固态矿产以及部分固态矿产由于难以像 mining claims 那样通过 location 就可以区分所有权,所以采取矿权租赁,尤其特别适用于石油、天然气以及煤。

2. 岩石矿开采的也必须采取矿权租赁。根据联邦行政法规汇编第 43 篇第 3500 章"煤和油页岩之外的固体矿产租赁"(Leasing of Solid Minerals other than Coal and Oil Shale)的规定,如果要获得 mining lease,首先必须向土地管理局 BLM 申请取得勘查许可证(prospecting permit),在勘查许可证有效期限内如果发现有价值的矿产储量的(valuable deposits),则可以向

---

① "A location based upon discovery gives an exclusive right of possession and enjoyment, is property in the fullest sense, is subject to sale and other forms of disposal, and so long as it is kept alive by performance of the required annual assessment work prevents any adverse location of the land" 参见 *Cole v. Ralph*, 40 S. Ct. 321 (1920)。

② Once a valuable mineral deposit has been located, the unpatented mining claim "is a property right in the full sense, unaffected by the fact that the paramount title to the land is in the United States". *Union Oil Co. of Cal. v. Smith*, 249 U. S. 337, 349, 39 S. Ct. 308, 63 L. Ed. 635 (1919), and constitutes a property interest "which is within the protection of the Fifth Amendment's prohibition against the taking of private property for public use without just compensation",参见 *John H. McKown, IV v. United States of America*,2012 WL 5423863,F. Supp. 2d, (E. D. Ca. 2012)。

BLM 申请取得优先租赁权(preference right lease),从而享有在该租赁范围内开采矿产资源的权利。[①] 因此 preference right lease 则相当于中国的"采矿许可证",探矿权人可以优先取得其探矿区域内的"采矿权",而不用通过招标拍卖挂牌等竞价交易。

在美国矿产资源法中,矿权租赁(mining lease)实际上既具有"勘查许可证"的功能,又具备"采矿许可证"的法律效果,即 mining lease 的承租人可以在承租范围内进行探矿,依法探明有价值储量的,则可以继续履行"矿权租赁合同",并向出租人缴纳租金和权益金。如果承租人没有探明有价值储量的,则可以按照合同约定终止合同。一般情况下,承租人担心探矿结果,所以在签订"矿权租赁合同"时,选择定金条款(option contract),即先支付一部分资金,剩余部分待探明储量后再支付,如果未探明储量的,则先支付的资金归属为出租人所有。对于这种合同,出租人一般会在签订合同时向承租人收取一笔签约费(signing bonus)[②]。

(三)勘查许可证(prospecting permit)

一般来讲,"勘查许可证"主要适用于需要进行"矿权租赁"的情形。而对于联邦公共土地(public domain lands),权利人在依法取得 mining claims 之前已经完成了各项勘查工作,并且发现了有价值的矿产储量,符合商业化开采的目的(commercially valuable deposits),因此不需要向其颁发"勘查许可证"。但是,mining claims 的权利人(claimant)在矿区选址之前,必须向土地管理局 BLM 或者森林管理局申请"联邦土地进入权"。

对于液态、气态或者非金属矿产的勘探,则必须获得"勘查许可证",而且这也是依法取得采矿权的前提。

(四)租金、权益金及签约费(rental, royalties and signing bonus)

矿权取得的成本:各项手续费、租金、权利金以及签约费

申请矿权的各项费用包括:(1)勘查许可证申请费;(2)勘查许可证变更费;(3)勘查许可证延期申请费;(4)优先权许可费(preference right lease fees);(5)成功竞买矿权租赁申请费;(6)矿权租赁延续费;(7)矿权变更或扩

---

① 参见 43C. F. R. § 3501. 10 和 3507. 11"Preference Right Lease Applications"。

② 参见 http://geology. com/articles/mineral—rights. shtml。

展申请费;(8)矿权委托、转租或转让费;(9)权利金转让费;(10)租金、权利金、权利金率减免申请费;(11)地表土地使用许可申请费。

租金,是指矿权承租人向出租人缴纳的租金,按年支付,计算方式为租赁矿区面积乘以特点矿种的租金率,每年有所不同(政府不能参与分成)。

权利金,是指矿权承租人经勘查以后确定有价值矿产后,以实际开采的产值或市场价值为依据向出租人支付的收益分成。根据美国1920年《矿产资源租赁法案》(the Mineral Leasing Act)的规定,权利金的支付比例不低于总产值或市场价值的12.5%。在联邦最高法院2003年审结的United States v. Navajo Nation 537 U.S.488 (2003)中,Navajo Nation部落在与Peabody煤炭公司签订的矿权租约(mining lease)中,约定Peabody煤炭公司应当向Navajo Nation部落缴纳每吨煤矿37.5美分的权益金,按照总产值来计算的话,煤炭公司实际支付的权益金仅占煤炭总产值的2%,远远低于《矿产资源租赁法案》规定的比例,因此要求调整。[①]

签约费,指的是在签订矿权租赁合同时,由承租人向出租人支付的一般费用,称之为signing bonus。

(五)担保金(bond)

"担保金"是在申请取得"勘查许可证"以及"矿权租赁"时必须向土地管理部门缴纳的担保金,主要用作矿产资源回采(reclamation)义务履行的担保。根据联邦行政法规汇编第43篇第3500章"煤和油页岩之外的固体矿产租赁"(Leasing of Solid Minerals other than Coal and Oil Shale)的规定,"勘查许可证"的最低担保金为1000美元,"矿权租赁"的最低担保金为5000美元。

---

① "In 1964, the Navajo Nation (Tribe) permitted the predecessor of Peabody Coal Company (Peabody) to mine coal on the Tribe's lands pursuant to Lease 8580 (Lease or Lease 8580). The Lease established a maximum royalty rate of 37.5 cents per ton of coal, but made that figure subject to reasonable adjustment by the Secretary on the 20-year anniversary of the Lease and every ten years thereafter. As Lease 8580's 20-year anniversary approached, its 37.5 cents per ton rate yielded for the Tribe about 2 percent of gross proceeds." See United States v. Navajo Ntaion, 537 U.S.488 (2003).

二、矿权租赁法律制度

(一)"矿权租赁"的法律依据

美国联邦矿产资源法律中规定有"矿权租赁"的法律规范主要有:

1.《矿产资源土地租赁法案》(*Mineral Lands Leasing Act*)。此法案又被称之为"1920 年矿权租赁法案",是美国联邦矿权租赁的一部综合性法案,也是联邦授予大量矿权租赁所依据的法案。[①] 根据这个法案规定,所有被列举的非金属矿产、气态或液态矿产都属于"矿权租赁"的矿产资源,主要包括:煤炭、磷矿、钠、钾、硫(仅限于路易斯安那州和新墨西哥州)、石油(包括所有未作为煤、油页岩或沥青租赁范围的非气体碳氢化合物)、天然气、油页岩,以及沥青(包括呈矿脉的固态碳氢化合物)。

2.《收购土地矿权租赁法案》(*Mineral Leasing Act for Acquired Lands of* 1947)。首先需要明确的是,此处所涉及的 Acquired Lands,不只限于联邦通过收购方式获取的土地,还包括通过赠与或者赔偿方式获取的土地。根据美国行政法规汇编第 40 篇第 3501.5 条的规定,acquired lands 还包括除联邦所有的公共土地之外的由土地管理局负责签发岩石类矿产矿权租赁的所有土地。[②] 该法案规定属于 1920 年矿权租赁法案中规定的矿种,位于收购土地之上的,同样按照 1920 年的规定进行矿权租赁。因此,在美国矿产资源法中,如果没有特别指出的,"矿权租赁"同样包括 acquired lands 上的矿权租赁。

3. 1946 年第 3 号《改制方案》(*Reorgnization Plan No. 3 of* 1946)。这个改制方案本身并没有规定"矿权租赁"的内容,而是将原先由农业部负责的"矿权租赁"权限划转至内政部,主要适用于由农业部获取的土地上特定矿种的租赁。这个改制方案也没有明确哪些矿种由农业部负责租赁。随着 1947

---

① 参见 Bureau of Land Management, U. S. Dep't of the Interior, *Public Land Statistics* 1980 97, 98, 102, 104 (G. P. O. : 1981－780－993);转引自 Rocky Mountain Mineral Law Foundation, American Law of Mining, Second Edition, § 20.03[1](a).

② "*Acquired lands* means lands or interests in lands, including mineral estates, which the United States obtained through purchase, gift, or condemnation. It includes all lands BLM administers for hardrock mineral leasing other than public domain lands."参见 40C. F. R. § 3505. 1.

年《收购土地矿权租赁法案》的制定,农业部对于矿权租赁的权限缩小至未被该法案所包含的矿种。一般认为,未被包含在《收购土地矿权租赁法案》中的矿种仅限于岩石类矿种(hardrock minerals)①,即金属矿产。因此,由农业部划转至内政部的矿权租赁权限将"矿权租赁"的范围扩展至"岩石类矿种"。

(二)"矿权租赁"所包含的"矿种"范围

根据前面对于法律依据的介绍,能够为美国联邦内政部土地管理局负责管理的"矿权租赁"矿种范围主要包括:(1)《1920 矿权租赁法案》以及《1947 收购土地矿权租赁方案》规定的特定矿种:石油、天然气、煤炭、磷矿、钾盐、钠盐、硫、油页岩、沥青以及当作"石油"出租的沥青砂。(2)地热资源,法律依据为《地热蒸汽法案》(Geothermal Steam Act)以及《外大陆架土地法》(Outer Continental Shelf Lands Act)。(3)铀矿,法律依据为《1954 年的原子能法案》。(4)岩石类矿产,法律依据为 1946 年第 3 号《改制方案》以及《外大陆架法案》。(5)硬矿物(hard mineral resources),法律依据为《深海床硬矿物资源法案》。

(三)矿权租赁的出让方式

矿权租赁作为一种财产权的让渡,需要在出租人和承租人之间形成一种合意。但由于矿产资源本身作为一种稀缺的有价资源,联邦政府希望矿产资源开发利用行为能够发挥资源利用的效率最大化和价值最大化,因此,美国联邦"矿权租赁"原则上采取竞价交易,但在特殊情形下,也可以采取协议租赁的方式。由于联邦矿权租赁是矿产资源联邦所有权的第一次让渡,所以无论哪种方式的"矿权租赁"都应当属于"矿权出让"行为。

1. 竞价出让

矿权租赁的竞价出让,是指符合法律规定的主体都可以对已经探明储量的有价值矿产资源申请开发利用,通过竞价交易的方式,将矿权出租给出价最高申请人的行为。显然,矿权租赁的竞价出让的前提条件是,出租矿区范围内的矿产资源储量已经探明,并且具备商业开采价值。此外,《外大陆架土地法

---

① Rocky Mountain Mineral Law Foundation，American Law of Mining，Second Edition，Matthew Bednder，August 1991，§ 20.03[3](c).

案》中规定的矿种需要以竞价的方式租赁矿权,主要指地热资源。

2. 协议出让

协议出让,又称为"依申请的矿权租赁",或非竞价出让,是指特定条件下,申请人可以向矿权租赁管理部门提出矿权租赁申请,管理部门经审查符合法定条件的,与其依法签订"矿权租赁协议",出租特定矿权的行为。一般来讲,符合协议出让的情形主要有两种:(1)探矿权人针对其探明有价值矿种储量依法申请"矿权租赁"的;(2)申请对毗邻矿区相同矿种进行采矿的情形。这些规定与中国矿产资源法的规定相同,主要是为了保障探矿权人合理的期待利益和优先权。凡是符合协议出让矿权租赁的,申请人都必须事先依法取得"勘查许可证",经探明有价值储量后申请获得优先租赁权(preference right lease)。

第一,勘查许可证(prospecting permit)。联邦内政部负责签发两个"矿权租赁法案"规定的磷矿、钠盐、硫矿以及钾盐矿的"勘查许可证",以及 1946 年《改制方案》中的"岩石类矿种"的"勘查许可证"①。颁发"勘查许可证"的前提条件就是拟勘查区域特定矿种储量不明,而且要求勘查后达到有价值储量(valuable mineral deposits)标准,但是法律对于这方面没有规定明确的判断标准,在司法实践中,产生了非常多的争议和纠纷。

第二,优先租赁(preference right lease)。如果勘查许可证被许可人成功发现了有价值矿产资源储量的,那么他将有权优先取得矿权租赁,从而避免通过竞价交易的方式获得矿权租赁。但是被许可人应当就此承担举证责任,只要被许可人证明以下内容的,则内政部无权拒绝授予矿权租赁:(a)发现许可证规定的有价矿产资源储量;(b)由被许可人提出申请;(c)属于许可证规定的矿区范围;(d)在许可证有限期限内;(e)对于申请钠盐、钾盐以及硫矿矿权租赁的,则需证明该矿区范围特别有价值(chiefly valuable)②,证明责任比 valuable deposits 要高。有关发现有价值矿产资源储量的界定,主要来源于 *Castle v. Womble* 案件中确立的审慎者准则(the prudent man rule),同时也要满足联邦最高法院 *United States v. Coleman* 案件中对于可交易准则

---

① Rocky Mountain Mineral Law Foundation, American Law of Mining, Second Edition, Matthew Bednder, August 1991, §20.06[2].

② Rocky Mountain Mineral Law Foundation, American Law of Mining, Second Edition, Matthew Bednder, August 1991, §20.06[3].

（marketability rule）的法律认定①。此两项准则同样适用于矿区界分权
（mining claims）。

三、矿权界分法律制度

除了矿权租赁以外，矿权界分（mining claims）也是一种较为常见的矿权
取得的方式之一，一般主要适用于联邦公有土地（public domain）之上的金属
矿产，或者称之为岩石类矿产（hardrocks）。矿权租赁的唯一法律依据就是
1872 年的《采矿法》。矿权界分区别于矿区租赁主要在于适用的矿石类别以
及土地类型上存在差异。

（一）矿权界分的程序

根据 1872 年《采矿法》的规定以及 BLM 的规定，任何"矿权界分"都必须
经过以下基本程序予以实现。

1. 划定矿区范围（locate a mining claim）。任何年满 18 周岁及其以上的
美国公民或者企业、组织都有权在可自由出入的公共土地上选定特定矿种的
矿区范围，但必须要满足以下几个方面的条件：第一，该划定的矿区范围不能
已经被他人占有并获得了矿权界分；第二，该土地不能是禁止采矿的土地；第
三，必须是可以进行"矿权界分"的矿种，如非金属或非固体矿种则属于"矿权
租赁"的范围。划定矿区范围需要实现到矿区所在地的县级登记部门去核查
该地区是否已经被他人设立了矿权，如果没有被他人设立矿权的，则根据其申
请的矿种向县级登记部门申请登记，并报所在州联邦土地管理局（BLM）
备案。

需要特别注意的是，"矿区界分"是建立在已经完成资源储量勘查的基础
之上的，所以，划定矿区范围时，必须要满足第三项基本条件，就是"发现有价
值的矿产资源储量"且该资源不属于"矿权租赁"的范围。习惯上被称之为申
请人对于 discovery 的证明责任。这一点与"矿权租赁"完全相同，同样要满足
两项基本准则，即前面在"矿权租赁"中提到的"审慎者准则"和"可交易准则"。

① 　在 *United States v. Coleman*，390 U. S. 599（1968）案件中，联邦最高法院法官
Black 认为，被告探明的石英石储量在市场上没有价值，因而不符合"有价值矿产资源储
量"的标准，撤销了上诉法院的上诉判决，要求重审。

"审慎者准则",又称为"合理注意义务原则",属于普通法准则之一,最早源于 1830 年由马萨诸塞州法院法官 Samuel Putnum 在审理的 *Harward College v. Amory* 案件,他要求在信托关系中,受托人向对待自己私有财产一样对待信托财产,尽到合理的审慎义务。而"审慎者准则"在矿产资源法中的应用则源于 Castle v Womble,19 LD 455 (1894)案件,其基本含义是:在发现矿产资源的情况下,必须确信申请人能够尽到一个普通人的审慎义务,以致力于进一步的投资和开发,能够具备开发有价值矿产的合理预期,同时满足各项法律规定的要求。[①]

而"可交易准则"则是指:矿权界分的申请人为了获得拟开采矿产资源的所有权,需要证明该项开采的可行性、真实性、有临近的市场、有市场需求以及具备其他因素,进而证明该矿产资源的开采、生产以及处置是有价值的,而且能够获得收益。[②]

2. 竖立桩界(stake a mining claim)。如果申请人划定矿区范围的申请已经完全满足各项规定和条件的,则在所在县登记部门以及所在州 BLM 备案以后,应当就其划定矿区范围边界上设定明显桩界,并竖立矿区归属标牌。竖立的桩界必须达到 3 英尺高。

根据矿产资源的成矿条件的不同,mining claims 包括岩石类矿区(lode claims)和砂矿区(placer claims)两种。不同类型在桩界界定上也有所不同。对于 lode claim,其矿区范围一般呈现长方形,但每一矿区长度最长不超过 1500 英尺,宽度最长不得超过 600 英尺。如果是 placer claim,则矿区范围一般呈现出正方形,每个人所申请的面积不得超过 20 英亩,8 个人及以上的申请最大面积不得超过 160 英亩,如某一组织。

3. 选矿厂和矿洞的规定。1872 年《采矿法》规定的 mining claims 还包括另外两种非矿产资源开采的权利类型,即选矿厂(mill site)以及矿洞(tunnel

---

① "Where minerals have been found and the evidence is of such a character that a person of ordinary prudence would be justified in the further expenditure of his labor and means, with a reasonable prospect of success, in developing a valuable mine, the requirements of the statute have been met." 参见 *Castle v Womble*,19 LD 455 (1894)。

② "A mineral locator or applicant, to justify his possession must show by reason of accessibility, bona fides in development, proximity to market, existence of present demand, and other factors, the deposit is of such value that it can be mined, removed, and disposed of at a profit." 参见 *United States v. Coleman*,390 U. S. 599(1968)。

site)。由于选矿厂和矿洞无须在含有矿产资源的土地上设立,因此法律并不要求其符合"有价值矿产资源"的要求,可以直接申请划定土地使用范围。根据规定,选矿厂的用地面积不得超过 5 英亩。而"矿洞"主要用途探矿和采矿,所以他的桩界要求是矿洞两边各设立一个界桩。

4. 获取矿区界分证书。完成桩界竖立工作后,向所在地的县级登记部门和 BLM 申请发放矿区证书。

(二)Mining claims 的矿权设定

"矿权界分"完成以后,权利人既可以在划定矿区范围内进行矿产资源开发、生产以及销售行为,从这个意义上来讲,"矿权界分"实际上就是授予一项有效的财产权。但由于土地归属为联邦所有,矿权人可以从联邦购买该土地所有权,从而将土地私有化,也可以不购买土地所有权,仅享有对地下矿产资源的所有权,据此,mining claims 可以划分为 patented mining claims 和 unpatented mining claims。如果是 unpatented mining claims,则矿权人应当与土地所有人之间达成土地租赁协议,但不是矿权租赁。

四、私有土地上的矿产资源开发

无论是"矿权租赁"还是"矿权界分",均根据联邦法律规定适用于联邦土地之上的矿产资源开发利用的法律制度。而在美国,土地所有权类型较为多样,既有联邦所有的土地,也有各州所有的土地,也有私人所有的土地。

对于私人所有土地上的矿产资源开采,则完全受制于该土地所有权人对其所享有财产权的让渡与否。在美国,私人对其享有的土地享有地表、地下甚至地上的一切排他性所有权,包括土地中储藏的矿产资源。但由于土地所有权人没有矿产资源开发利用的专业技能或者资金实力,所以私人土地上的矿产资源需要授予符合法律规定的主体进行开采。因此,在私人土地上开采矿产资源,以及探矿权或采矿权的设定完全取决于投资人与土地所有权人之间的协商,而不受制于联邦或州政府的同意与否。但是,这个不代表私人土地上的矿产资源开发就可以脱离于联邦或州的法律规定。对于私人土地的矿产资源开发,联邦、州或地方的相关管理部门所享有的权利主要集中于安全保障、环境保护以及矿产资源回采等涉及公共利益方面的管理和执行[①]，而对于矿产资源出租与否、开发与否等涉及私人财产权问题，联邦、州或地方政府则无权管控。

私有土地上的矿产资源开发主要体现为"矿权出售"和"矿权租赁"两种。如果选择"矿权出售"的，买卖双方当事人可以就是否购买土地所有权进行协商，连同土地所有权和矿产资源所有权一起购买的，则属于"整体转让"，在美国称之为 Fee Simple。如果选择仅购买矿产资源所有权的，则一般通过"矿权租赁"的形式获得矿产资源所有权。一般来讲，矿产资源投资人是不愿意在没有探明储量之前进行 Fee Simple 整体收购的，风险相对较大，但是待到探明矿产资源以后再与土地所有权人协商整体收购的，则可能付出非常高的收购成本。所以，在实践中，一般投资人主要是以"矿权租赁"的形式在私人所有的土地上进行矿产资源勘查和开采的。

按照勘探和采矿两个不同阶段来区分，私人土地上的"矿权租赁"包括两大类型的租赁合同：(1)矿产资源勘探合同(exploration agreement)。矿产资源勘探合同主要约定土地所有权人授予探矿人有权进入其所有的土地并实施勘探的权利。勘探合同一般约定有明确的时间，明确的权利范围。当然，为了保障探矿人在探明储量后有权继续开采或者收购的，勘探合同中会约定了期权(option)条款，相当于中国《合同法》中的"附生效条件的合同"，从而保障探矿人日后获得采矿的优先权。(2)矿权租赁合同(mining lease)。私人土地上被探明含有特定矿产资源储量的，则土地所有权人可以与探矿人或者其他投资人签订"矿权租赁合同"，将其所有的矿产资源所有权、土地所有权在特定期限内出租给探矿人或投资人，或者允许其对外进行转让或者设定担保。凡是签订"矿权租赁合同"的，都应当向所有权人缴纳租金和权益金。

---

① 参见 Rocky Mountain Mineral Law Foundation，*American Law of Mining*，Second Edition，Matthew Bednder，August 1991，§ 131.09[2]"Compliance With Law"。

五、矿产资源出让的方式及其法律性质

(一)矿产资源出让方式

美国的矿产资源出让主要是指在联邦土地上的矿产资源开发利用的一种权利让渡,包括矿权界分(mining claims)和矿权租赁(mining lease)。而在中国作为"矿业权"出让的主要载体"勘查许可证"和"采矿许可证"在美国则不视为一种有效的权利载体,因而任何人依法取得 prospecting permit 的行为都不能构成有效的矿权出让行为。

(二)矿产资源出让的法律性质

根据中国矿产资源法的相关规定,矿权许可构成了矿业权的基础和前提,凡是被授予"勘查许可证"或者"采矿许可证"的被许可人被当然认定为矿业权人,就此采矿权人当然享有了在划定矿区范围内开采特定矿产资源并获得矿产品的权利。尽管《矿产资源法》和《物权法》明确规定,矿产资源属于国家所有,矿产资源所有权不会因为"采矿许可证"而改变权利归属,但是这并没有改变国土资源部在矿产资源规章制定及其实施过程中,直接通过颁发"采矿许可证"的方式授予采矿人对于特定矿区范围内的特定矿产资源享有占有、使用、收益以及处分的权利。从这点来看,国务院以及国土资源部关于"矿业权"或者"采矿权"出让转让的管理规定都涉嫌违反了上位法的强制性规定,但是目前好像法学界以及管理部门并未深刻意识到上述问题的存在。简单来讲,就是目前理论界和实务界并没有充分意识到"许可证"在矿产资源法中能否生成一项有效的"用益物权",是否应当严格区分"矿产资源所有权让渡"与"矿产资源开发许可"之间的法律性质及其效力。

很显然,在美国矿产资源法律实践中,矿权出让和矿权许可则是完全不同的两个法律概念。矿权出让又称为矿权让渡(minerals conveyance),包括三种类型,分别是矿权界分(mining claims)、矿权租赁(mining lease)以及矿权出售,而矿权许可则主要体现为两大类型,最为主要的就是探矿许可(prospecting permit),即便属于金属矿产的,也有可能需要依法取得探矿许可;其次就是 exploration licence 等勘探许可。但是 exploration licence 仅限于已经探明有价值矿产资源,但需要进一步勘探以获取具体数据的情形。在美国，没有采矿许可证，依法取得探矿许可证的，在发现有价值储量后，既可以继续进行采矿，缴纳租金和权益金即可。所以，矿权出让与矿权许可在法律效力上完全不同。需要特别说明的是，美国矿产资源法中的 licence 不局限于行政管理部门的许可，而且还包括一切不动产权利人以合同等方式授权他人在其不动产上从事某种行为的许可。

在 *In re Henry HUFF and Nancy Huff* 破产案件①中，美国 D. Minnesota 破产法院在判决中破产人的矿权租赁（mining lease）和矿权许可（mining licence）做了如下区分："针对不动产所颁发的许可证属于个人的不可转让但可以撤销的权利，通常以书面或口头的方式授予在其不享有任何利益的土地上从事某种行为的权利。许可证只是一种未经许可即可能构成违法的特权。它在特定情形下曾经被认定为一项有价值的财产权，但是严格意义上来讲，许可证不是财产也不是财产权，更不能创设一项既得权利（vested right），参见 *Radke v. Union Pacific Railroad Company*，138 Colo. 189，334 P. 2d 1077，1087（1959）；*Palmetto Fire Insurance Company v. Beha*，13 F. 2d 500（D. C. N. Y. 1926）案件。由于许可人保留了其对土地的完全所有权，所以被许可人仅享有使用该土地的权利，但对于土地本身不享有任何利益或者排他性的占有权，参见 *Seabloom v. Krier*，219 Minn. 362，367，18 N. W. 2d 88，91（1945）案件。由于被许可人仅享有特定行为的利益，而不享有土地的权利，所以许可证的性质应当属于'动产'（personal property）而非'不动产'（real property）利益。"②

相反，该案法官认为："矿权租赁在土地之上创设了一项利益或不动产利益，承租人享有对该土地的排他性的占有权，该项权利效力同样及于出租人，非经承租人同意不得进入其承租的土地，除非租赁协议中出租人保留了进入权。矿权承租人所享有的排他性权利就排除了其他任何第三方对于其对土地使用的任何不当干预，参见 *United States v. Atomic Fuel Coal Co.*，383 F. 2d 1，5（4th Cir. 1967）案件。矿权租赁授予了承租人对于自然状态矿产资源的直接利益，出租人就此获得的权益金构成了对该土地享有所有权的租金

① *In re Henry HUFF and Nancy Huff*，81 B. R. 531，United State of Bankruptcy Court，D，Minnesota，SixDivision，(1988).
② 根据美国财产法的规定，财产权（property right）的客体同样可以划分为不动产（real property）和动产（personal property）。

和利润,参见 *State v. Royal Mineral Ass'n*,132 Minn. at 235,156 N.W. at 129 案件。"

(三)Mining claim 和 Mining lease 的法律性质

在美国,mining claim 和 mining lease 是基于前期的矿产资源勘查,经发现有价值的矿产储量后,向联邦政府管理部门申请取得一种开采矿资源,并取得矿产资源所有权的权利。所以,mining claims 和 mining lease 首先应当属于"采矿权",包括进入权、勘探权和开采权。其次,mining claim 和 mining lease 还属于财产所有权,凡是 mining claims 和 mining lease 的持有人都自动享有其开采矿产资源的所有权,可以进行加工生产或者对外销售,并就此获益。对于在私人土地上获得的 mining lease,土地所有权人将其财产所有权部分让渡给采矿人,其法律性质属于财产权则毋庸置疑。

但是,mining claim 和 mining lease 作为两种不同的采矿权,基于前期的矿产资源勘探许可,但其权利并不来源于勘探许可证。因此 mining claim 和 mining lease 不可以将其简单地理解为探矿权。在美国,勘查许可证(prospecting permit)本身并不是一种财产权,而仅仅属于一种行为的行政许可,不代表和授予任何财产性利益。这一点与中国的"勘查许可证"的法律性质存在根本差别。

由于美国矿产资源法中没有"采矿许可证"这一行政许可类型,因此将 mining claim 和 mining lease 引证为采矿许可,并将其理解为美国采矿权的形成基础,则纯属于主观臆想,毫无根据可言。

第四章

中国矿产资源法律制度及法律问题

第一节　法律制度

一、矿产资源国家所有权制度

(一)矿产资源所有权制度的历史沿革

随着人类对矿产资源认识和开发利用程度的不断加深,人们逐渐把对矿产资源的支配看成是一项重要的财产,矿产资源所有权逐渐从土地权中分离开来,作为一项独立的财产。为此,很多资本主义国家开始通过修改法律或制定矿业方面的法律确立矿产资源国家所有,国家依法对矿产资源勘查开发实行管理。但是在很多国家,比如美国、加拿大、澳大利亚等,直到今日,仍然有很多矿产资源属于私有。发展中国家矿产资源的所有权关系相对简单一些。

从历史和政治的角度看,新独立的国家一旦实现政治上的独立,其对于自然资源的永久主权就成为其获得经济自主权的必然要求。1974 年联合国大会第六届特别会议通过了《建立新的国际经济秩序宣言》规定,"每个国家对自己的自然资源和一切经济活动拥有充分的永久主权"。同年 12 月,联合国大会第 29 届会议通过了《各国经济权利和义务宪章》,其中明确规定,"每个国家都对其全部财富、自然资源和经济活动享有充分的永久主权,包括拥有权、使用权和处置权在内,并可自由行使此项权利"。此后,世界上几乎所有发展中国家都在宪法或法律中明确规定,矿产资源国家所有。不过,一般国家都规定,建筑材料等低价值并主要供当地市场的矿产属于地表所有权者拥有。

我国《宪法》第 9 条规定,"矿藏、水流、森林、山岭、草原、荒地、滩涂等自然资源,都属于国家所有,即全民所有","国家保障自然资源的合理利用","禁止任何组织或者个人用任何手段侵占或者破坏自然资源"。《宪法》的这些规定,构成了我国矿产资源立法的坚实基础。矿产资源国家所有权的内涵所谓所有权,是指所有权人在法律规定的范围内,对属于他的财产享有的占有、使用、收益和处分的权利。所有权属于物权,它具有绝对性、排他性、完全性、弹力性和永久性的特点。国家对矿产资源的所有权包括对物的所有权的全部四项权能,即占有、使用、收益和处分。占有权占有是国家作为矿产资源所有权人对矿产资源的实际占领和控制。

(二)矿产资源国家所有的表现形式

由于矿产资源埋藏于地下,大部分情况下并不为人所知,因此,国家对矿产资源的占有实际上是虚无的占有。矿产资源只有通过勘查和开发才能实现这种占有。国家对矿产资源的占有实际体现为对矿产资源的排他权利,非经其许可,任何组织或任何人不得进行勘查和开发。国家可以自己为之,也可以通过授予矿业权的方式让第三方为之。使用权对矿产资源的使用体现为矿产资源的勘查和开发。矿产资源作为人类重要的生产和生活资料,有其自身的价值和使用价值,是得以实现使用权的基础。但是这种使用价值实现的前提条件是对原物的利用,一旦使用,矿产资源将转换形态。

国家可以将对矿产资源的使用通过法律或协议的方式授予第三方,从各国的法律来看,最主要是通过设置矿业权或采矿租约的方式授予第三方。收益权国家有权对矿产资源所有权收取必要的利益,在国家本身不直接行使这种所有权的情况下,国家主要通过权利金的方式取得收益。另外,这种收益也可以体现为其他形式。比如一些国家规定,矿业权人必须提交地质资料,资料的最终所有权归国家所有。我国规定了通过向探矿权采矿权人收取矿产资源补偿费的方式获得所有权收益,同时要求矿业权人要向有关部门提交地质资料。

处分权是决定矿产资源事实上和法律上的命运权能。其是所有权内容的核心，是所有权的最基本的权能。处分可以分为事实上的处分和法律上的处分。事实上的处分包括开采矿产资源并出售之，法律上的处分则主要体现在通过矿业法对矿产资源进行处置。占有、使用、收益和处分四项权能构成了完整的矿产资源所有权的内容。由于矿产资源所有权中各项权能的可分割性，使国家得以在矿产资源所有权之上设立矿业权。矿业权一旦设立，其同矿产资源所有权同时存在，其小于矿产资源所有权，但是可以同矿产资源所有权并立存在。矿产资源所有权的内容，是一个国家经济和政治的反映，并随之变化而变化。

(三)我国的相关法律规定

《宪法》规定矿产资源属于国家所有。《矿产资源法》第 3 条规定矿产资源属国家所有，由国务院行使国家对矿产资源的所有权。《物权法》对国家所有权和集体所有权、私人所有权作了明确规定，其中有较多条款对国家所有权作了规定，加强了对国有资产的保护，界定了国有资产的范围。《物权法》第 45条至第 51 条规定，矿藏、水流、海域、城市的土地，以及法律规定属于国家所有的农村和城市郊区的土地，属于国家所有；法律规定属于集体所有以外的森林、山岭、草原、荒地、滩涂等自然资源，属于国家所有；野生动物资源、无线电频谱资源，属于国家所有；法律规定属于国家所有的文物，属于国家所有；依照法律规定属于国家所有的铁路、公路、电力设施、电信设施和油气管道等基础设施，属于国家所有。强调了对于法律、行政法规规定属于国家所有的财产，只能属于国家所有即全民所有，任何单位和个人不能取得所有权。《物权法》同样明确了国有物权由国务院代表国家行使。这一规定既肯定了依照土地管理法、矿产资源法、水法、草原法等现行法律关于由国务院代表国家行使国有资源所有权的规定。

总之，矿产资源的国家所有权既指所有权本身，也包括由此派生的国家对矿产资源享有的占有、使用、收益和处分的权利。国家矿产资源所有权的行使，不是在事实上的占有、使用矿产资源，而是依照法定方式将矿产资源的占有、使用的权能授让给他人，来间接实现其收益和处分权。

二、矿产资源规划制度

矿产资源规划制度原则性地规定国家对矿产资源的勘查、开放实行统一规划,合理布局,综合勘查,合理开采和综合利用的方针。矿产资源是不可再生的耗竭性资源,其开发与利用和人类社会的生存与发展休戚相关。矿产资源规划理论研究与实证分析的目的就是为了优化矿产资源配置,有效地增强矿业可持续发展能力。

(一)创立背景和历史发展

矿产资源规划制度的创立背景为矿产资源的集中统一管理制度的建立,之后矿产资源规划制度才作为其重要组成部分被逐步创立和完善。实现了对各类矿产资源的集中统一管理,矿产资源总体规划也相继开始编制。其次,矿产资源规划制度的创立与矿产资源使用权制度的建立和完善有着密切的联系。矿产资源规划制度的创立晚于矿产资源使用权制度的建立,但无论早于还是晚于资源使用权制度是必在矿产资源使用权市场发育成熟之后,作为政府有形之手起宏观调控作用的规划才有着力之处,与社会主义市场经济体制相适应的矿产资源规划制度才能真正形成。

(二)规划的编制程序

经过多年的经验积累,矿产资源利用总体规划已经形成了一套较为成熟的编制程序,对保证规划编制的效率和质量发挥了重要作用。矿产利用总体规划的编制程序,一般包括准备工作、调查研究、确定规划目标、编制供选方案、规划协调、确定规划方案和评审报批七个步骤,充分体现了基于矿产资源评价和方案评估的技术型规划的特点。另外,矿产资源规划程序有以下问题存在:首先,矿产资源规划的编制则以地勘单位为主,队伍既不稳定也不成熟,且数量有限,难以保证规划的进度。其次,矿产资源总体规划所需的部分地勘成果具有商品属性,时间跨度长且多被各个地勘单位"据为己有",收集难度大。最后,在编制规划方案前,矿产资源总体规划的专题研究有待深入进行。

(三)规划的主要内容

矿产资源总体规划的指导思想是指导性规划,对矿产开发利用的调控主要通过设定鼓励、限制和禁止的事项,以引导政府和企业行为的方式实现,强调矿产资源勘查开发要"以市场需求为导向",在规划的宏观指导下,充分发挥市场机制的基础性作用。

矿产资源总体规划的目标多表现为一些定性指标,包括公益性地质矿产调查评价、商业性矿产勘查、矿产开采总量、矿产开发利用结构与布局、矿产保护与合理利用、矿山生态环境保护等的提高和改善程度,即使有一些定量指标,除矿区最低开采规模、限制开采矿产总量等属刚性控制指标外,大多为指导或预测性指标,如矿产资源采选综合回收率、矿山土地复垦面积、矿山生态环境恢复治理率和矿业产值、矿产开采量、矿产品进出口量等。

矿产资源总体规划的分区有两种类型:一是矿产资源经济区划,即把矿产资源作为物质资料生产要素,根据其地域上的分布、组合特点,与其他社会生产要素相结合,按照消费使用特点和产业关联而划分为不同的矿产资源经济区,一般用于国家和省级规划,市、县级规划可根据资源禀赋情况适用;二是矿产资源勘查、开采规划分区,即根据矿产资源分布及其特点、矿产资源供需状况和区域经济发展形势等因素,依据不同的原则和依据,在规划区域内划分出的鼓励、允许、限制或禁止从事矿产资源勘查、开采活动的区域,适用于省级以下规划。矿产资源勘查、开采规划分区是矿产资源总体规划的重要内容,是矿业权审批的重要依据之一,通过引导矿山在"禁止开采区内关停、限制开采区内收缩、鼓励开采区内集聚",引导矿业布局和矿山生态环境的逐步改善。

矿产资源总体规划的布局与结构调整较为复杂,布局调整主要通过矿产资源经济区划确定的矿产资源(矿业)经济区和矿物原料开采(矿业)基地的变化,和在鼓励、允许、限制和禁止开采区内,对矿山实行不同的政策指导来实现,而结构调整则包含了矿区(山)开采规模结构调整、矿业采选冶(上下游)结构调整、矿山采选冶技术结构调整、矿产品结构调整等诸多内容,根本目的是实现矿产资源的规模、高效、集约式开发。

(四)矿产资源规划的审批

矿产资源规划有严格的审批制度,包括评审制度和报批制度。在评审制度方面,在与国家或省宏观调控目标不一致且有较大分歧时,进行专题论证。报批制度则由四个层次组成,但批准机关级别相对较低:全国矿产资源规划由国务院批准;省(区、市)的矿产资源总体规划,由国务院授权自然资源部批准,在审批之前,征求国家经济委、生态环境部等有关部门的意见;市级矿产资源规划由市政府审查同意后,报省政府批准;县级矿产资源规划则由县政府报市政府审核同意后,报省国土资源行政主管部门批准。

三、矿产资源有偿使用制度

矿产资源是重要的自然资源,是社会生产发展的重要物质基础,现代社会人们的生产和生活都离不开矿产资源。我国是一个矿产资源大国,但我国人口众多且矿产资源属于非可再生资源,对矿产资源的合理开发利用及保护显得尤为重要。长期以来,我国矿产资源一直被无偿或者廉价使用,这既是导致矿产资源衰竭和生态环境质量恶化的原因,也不利于矿产资源在国民经济与社会发展中发挥最大的效益,与我国社会主义市场经济体制不相适应。所以,建立和完善我国的矿产资源有偿使用法律制度势在必行。总结我国现有矿产资源有偿使用制度的问题,并借鉴国外矿业发达国家资源有偿使用的制度安排,顺应世界矿业的发展潮流并结合我国矿业的实际情况,建立完善的矿产资源有偿使用制度,具有重要的理论意义和现实意义。首先,有利于澄清矿业权及矿产资源有偿使用的理论问题;其次,通过研究矿产资源有偿使用制度的完善,有利于充分维护国家的矿产资源所有者权益;再次,有利于矿产资源的保护,防止环境污染和生态破坏。矿产资源的有偿使用,一方面有利于国家矿产资源所有权的实现,另一方面可以促进矿产资源的合理开发利用和生态环境的保护。矿业权理论、矿产资源本身的价值、矿产资源开发过程中的外部性以及矿产资源开发过程中的可持续发展原则都决定了矿产资源必须进行有偿有用。我国已经初步形成矿产资源有偿使用法律制度的框架,但相关立法规定不完善,存在矿业权取得的双轨制、矿产资源有偿使用的税费制度不尽合理、矿产资源开发过程中忽视环境保护等问题。为了充分有效地实现国家矿产资源所有权,并促进矿产资源的合理开发利用及生态环境的保护,我国迫切需要完善矿产资源有偿使用法律制度。在分析我国矿产资源有偿使用法律制度所存在问题的基础上,我们还需借鉴国外关于此制度的先进经验。同时充分考虑我国具体国情、平衡中央与地方利益、处理好矿产资源有偿使用与矿山企业承担的其他税费的关系,并注重以现行法为依据,协调相关法律之间的关系。在改革和完善我国矿产资源有偿使用法律制度的过程中,需要统一矿业权取得的市场,改革现有矿产资源有偿使用的税费制度,建立权利金制度和矿山环境恢复保证金制度,建立和健全我国的矿产资源有偿使用法律制度。矿产资源有偿使用法律制度的完善对我国矿产资源的立法提出了新的要求,而我国《矿产资源法》的修改也应当为矿产资源有偿使用法律制度的完善提供有力的法律保障。

(一)矿产资源的价值基础

我国矿产资源法律制度研究动物视为动产和无主物,设置宽松的占有和占据制度,客观上鼓励人们对自然资源的占有和利用,不惜滥用。但市场经济理论的提出和完善,使得有关资源方面的立法,开始逐渐体现和反映市场经济的规律,资源作为民法物权法律规范下的"物"的本质逐渐得到了回归,物权法也开始逐渐对自然资源的配置和流转作出相应的回应和权利制度性安排。《法国民法典》和《德国民法典》的两个主要贡献,一方面是确立了私有财产不受限制和侵犯的基本原则,将所有权绝对化,规定所有权是对物的绝对使用、收益及处分的权利,进而从法律上获得了占有自然资源的合法性;另一方面是实行契约自由,规定契约一经合法成立,当事人必须按照约定切实履行,非经定约人的相互同意或法律的制止,不得任意修改和废除,这样就保障了自然资源的有序流转。现代大工业的发展极大地增强了人类对自然的控制和支配能力,使自然资源物权化具备了法律上的可能。随着经济的发展和社会的进步,人类在平衡因经济社会发展对自然资源的需求与自然资源自身的稀缺之间的关系方面处于两难的境地,这个时候急需一种新型的理论对自然资源的法律制度性安排和权利义务的重新配置作出回应。由此产生了"资源物权"理论,旨在通过私法的手段,解决自然资源经济属性与生态属性的内在冲突,调和社会公益与个体私益的外在矛盾。作为自然资源中的一员,矿产资源也当然地纳入物权法的调整范围。从世界各国资源权利制度建设的总体趋势看,承认国家的行政干预和宏观调控是必要的,但是更应重视民法基本理念和私法手段的运用,充分发挥民法物权关注个人私益和社会公益、重视经济运行规律、权利自治作用的特点。于是,当矿产资源物权受到侵害时,不但可以运用公法手段进行救济,而且可以运用私法手段加以救济。对于矿产资源的可持续利用,具有非常重要的理论和现实意义。

1. 外部性理论

外部性的研究从古典经济学时期就已经开始。亚当·斯密、约翰·穆勒、马歇尔对此都有经典论述。外部性是指一生产厂家的经济活动对其他生产厂家、消费者、社会整体所产生的非市场性的有利或者有害的影响。通常我们将有利的影响,称之为外部经济性;将有害的影响,称之为外部不经济性。我国矿产资源法律制度研究生产的整体性空前提高,社会总资本的运动要求保持高度的内部协调和外部稳定,这一切都需要通过国家干预来保证国民经济的正常运行。随着大工业的发展,国家的经济职能日益强化,与社会化大生产相适应,一方面,国家作为一种公共权力机构,对社会经济运行调节与控制的功能变得越来越重要;另一方面,国家作为一种阶级专制的机器,对社会阶级矛盾的协调与压制的功能也变得越来越重要。国家不仅要执行由一切社会的性质产生的各种公共事务的职能,而且还要承担起对宏观经济进行调节、管理和干预等真正的经济职能。市场经济内在本质矛盾是指市场经济中个体利益和社会利益的冲突。由于市场经济内在本质矛盾的存在,造成了市场经济的缺陷即市场失灵。由于市场机制以各自经济主体的利益为经济活动的出发点,鼓励和刺激市场经济主体对各自利益的追求,因而不可能自觉地反映社会需要及其长期变动趋势,也不可能自觉地实现当前利益与长远利益、局部利益与整体利益的有效结合。正是由于市场经济内在本质矛盾的存在,市场失灵的存在才有了国家干预的可能。现今世界各国的经济体制大多是以市场经济为主的混合经济体制,而市场机制在合理配置自然资源和保护环境方面具有重要作用。但是市场不是万能的,其固有的盲目性和滞后性,容易使资源的市场配置失控,引起矿产资源浪费、环境污染等问题。矿产资源开发利用中个体利益与社会利益的矛盾,依靠市场自我调节是无法实现。因此,必须由国家进行干预,对资源进行集中统一管理,国家宏观调控与市场调节有机配合;通过矿产资源行政管理的法制化、现代化和民主化,依法维护正常的矿业秩序,保护矿业权人的合法权益,保障矿业收益在不同利益主体之间的公平分配。当然在利益失衡后国家进行矫正与救济也是国家干预的一部分。

2. 可持续发展理论

1987 年布伦特兰夫人在世界环境与发展委员会的《我们共同的未来》中正式提出了可持续发展的概念,标志着可持续发展理论的产生。按照《我们共同的未来》中的解释,可持续发展是指"即满足当代人的需要,又不对后代人满足其需要的能力构成危害的发展"。矿产资源开发过程中存在两种截然相反的外部性。矿产资源作为一种非生物资源,它的经济价值属性突显,其开发利用对社会经济发展具有强大推进功能;但本身生态价值并不显著,而且因其附着于地表或贮存于地下,在开发过程中必然地要对环境造成污染和破坏,进而导致整体区域生态功能下降,也就是说矿产资源开发过程中必然会有环境成本的投入。其结果是矿产资源的开发,一方面显现出经济上的正外部性,不仅能促进本地经济社会的发展,而且对其他地区的经济社会发展有非常重要的推动作用;经济的正外部性使矿产资源开发成为一种必然和需要。另一方面显现出生态上的负外部性,表现为对矿区(矿业城市)环境的污染、破坏,对矿区居民发展机会的影响。这种生态上的负外部性基本上由矿产资源开发地来承受。如何解决外部效应问题,在新古典经济学派的理论家们看来,在完全竞争的市场条件下,社会边际成本与私人边际成本相等,社会边际收益与私人边际收益相等,从而实现资源配置的最优。但在现实中,由于外部性因素的存在往往使上述情况难以出现。社会边际成本收益与私人边际成本收益相背离时,单纯靠市场机制无法发挥作用,即出现市场失灵。消除外部性的一个基本方法,就是将外部性内在化,但是市场并没有这样一个调控机制,这就必须靠外部力量,即政府干预加以解决,通过政府实施有关政策、法规和其他管理措施来解决外部不经济性。要使这两种不同利益冲突达到衡平,必须构建起相应的行政救济机制(如矿产资源开发生态补偿法律制度),借助于国家调控的经济手段(如税收和补贴),以控制矿产资源的适度开采,实现矿产资源的永续利用。

3. 国家干预理论

在凯恩斯的国家干预主义为原则的宏观经济理论中,提出有效需求不足理论,论证了必须"让国家之权威与私人之策动力量互相合作"的结论。即为了消除自由经济体制中的"显著缺点",保证经济运行的顺利进行,必须由国家来控制宏观经济活动,通过政府的财政及货币政策,对消费和投资等方面进行干预。在机器大工业的基础上,社会分工得到广泛发展,社会经济联系越来越密切。

4. 资源物权理论

物权是公民法人直接支配动产和不动产的权利。"物权的客体为物,资源物权的客体是资源,包括土地、森林、草原、矿藏等。资源属于民法上的物,但有区别于民法上的一般的物"。早期的法律,对自然资源的物权保护局限于较小的范围,并致力于与私有财产的严格划分,例如把矿产、林木视为孳息,把野生需要的能力构成危害的发展。[①] 它包括两方面的内容,一是"世界上贫困人民的基本需要,应该放在特别优先的地位来考虑"。二是"技术状况和社会组织对环境满足眼前和将来需要的能力施加的限制"。[②] 因此,可持续发展理论的观点是:第一,经济发展与环境保护是对立统一的,环境问题与社会经济问题必须一起考虑,并且在经济社会发展中求得解决,以实现社会、经济和环境的同步发展。第二,世界上富足的人们应该将其生活方式控制在生态许可的范围之内,并且使人口的数量和增长与生态系统协调一致。第三,摆脱旧的发展模式,制定协调发展经济和保护环境的法律政策,重视资源的合理利用与持续利用。其重点是人类社会在经济增长的同时适应并满足生态环境的承载能力,以及人口、环境、生态和资源与经济能够协调发展。我国 1994 年 3 月 25 日通过《中国 21 世纪议程——中国 21 世纪人口、环境与发展白皮书》也确立了"可持续发展"理念,该理念提出了一种新的发展模式,为人类解决环境与发展问题提供了新的途径。中国政府也非常重视可持续发展的观点,并提出了自己的科学发展观——以人为本,全面、协调、可持续的发展观。人类赖以生存的矿产资源是有限的,当代人不能因为自己的发展与需要而损害人类世世代代满足需要的条件(矿产资源),要给世世代代以公平利用一切资源的权利,包括矿产资源。由于人类的经济行为缺乏可持续发展的意识,人们受眼前利益的驱使,过度过早地大量开采有限的不可再生的矿产资源,加快了资源的耗竭速度,从而把应留给后代人使用的财富提前支用,给未来消费者留下无法挽回的损失。环境与资源将一国内部的人与人之间,国际社会的国家与国家之间,以及当代人与后代人之间,生存和发展问题联系在一起,形成横向的代内和纵向的代际的社会关系纽带。不仅要求代内公平,更要考虑代际公平。代内公平指代内的所有人,无论国籍、种族、性别、经济发展水平和文化等发面的差异,都有利用自然资源和享受清洁良好的环境平等的权利。全球性的环境问题,使各国不能孤立地看本国的环境,还必须超越国界进行协商和合作,各国的公平的分担环境责任。发达国家对解决国际公平问题,应采取积极的态度。实现人类社会的可持续发展,是以强调在环境的承载力内发展经济为出

---

① 周柯等:《中国和平崛起与自然资源物权化》,载中国时代政法大学环境法研究网,www.cn/aw.znufz.edu.cn/xsxk/NRY－ZDYJ/200601/t20060104-1584.html/2006-01-04.

② 曾文帝、毛媛媛:《中国适应气候变化的法律对策》,载《昆明理工大学学报(社会科学版)》2010 年第 1 期。

发点,要求使用矿产资源时,应将废物量减到最小限度;要求在生产中最大限度地回收利用各种废料;要求维护生态系统的完整性;要求当环境退化为不可避免时,必须将其退化减至最低限度,最大限度地利用环境改善与社会—经济发展之间的互补性;要求把环境效益同经济效益和社会效益结合起来,制定经济增长、合理利用资源与环境效益相结合的长期政策和长远规划,通过立法、司法的手段保障矿产资源的可持续性利用。不但要加强国内的法律实施,而且要国际间的法律合作。可持续发展为矿产资源保护和开发、利用提供了更为广泛的政策框架基础和支持,但作为一种全新的价值追求,特别强调当代人要为未来各代人的需求与消费负起历史和道义的责任。在可持续发展理论的推动下,人们正努力以一种合理的、与资源限制更协调的方式谋求发展。确立和完善的各项法律制度反映出人们在对矿产资源进行规制时,越来越愿意将未来与现在联系起来,并且在进行救济补偿时,也会考虑到后代人的利益。

(二)矿产资源有偿使用的现实意义

1. 保障国家矿产资源所有权的实现

矿业权的无偿取得、矿产资源无偿开采的存在,严重损害了国家的矿产资源所有权权益。只有实行矿产资源的有偿使用,才能保障国家作为矿产资源所有者的经济权益。国家为了实现其矿产资源所有者的财产权益,需要向矿业权人收取矿产资源税、矿产资源补偿费、矿业权使用费以及矿业权价款等。同时,矿业权的有偿取得,可以促进矿业权市场的建立和良好运行,从而达到利用市场配置矿产资源的目的。由于我国矿产资源的所有权属于国家,市场经济的发展促进国家、集体、个人等主体进入矿产资源市场,各方主体都会在矿业生产中追求自身经济利益的最大化,容易忽视国家和社会公共利益的实现。国家通过税费形式推行矿产资源有偿使用制度,就是为了实现其矿产资源所有者的各项权益。

2. 促进矿产资源的合理开发利用

通过矿产资源的有偿使用,加强对矿业生产的管理,能有效地促进矿产资源的节约、保护,提高矿产资源的开发利用效率,促进我国国民经济健康持续发展。

长期以来,我国矿产资源处于无偿或者低价使用的状态,矿业权可以通过行政授权的方式无偿取得,导致矿山企业在开采、生产矿产资源的过程中,不能做到珍惜矿产资源,致使矿产资源未能得到合理的开发、利用,并且浪费现象严重。矿业权的有偿取得可以促使企业在取得矿业权的同时,提高矿产资源的开发利用效率,降低生产成本,以弥补取得矿业权时所付出的经济代价。总之,矿产资源的有偿使用是促进经济社会可持续发展的必要措施。推行矿产资源的有偿使用,能够促使矿山企业在追求经济利益的同时,注重矿产资源的节约,并采取先进的生产技术,提高矿产资源勘查和开采的效率,从而达到以更少成本追求更多利益的目的。

3. 防止和遏制采矿造成的生态破坏和环境污染

矿产资源的开采利用在带来经济利益的同时,也对生态环境带来大量的不良影响,甚至造成生态破坏和环境污染。矿产开发的环境保护问题,已引起人们的高度关注。如采、选矿过程中生成的有毒所体、有害气体、矿渣、尾矿、废水、粉尘及噪声、振动等因素,对矿区周围的大气、水质、土壤造成危害;废石堆、尾矿库挤占大量土地、农田;污水和烟尘的排放,污染水源、江河和大气。矿产资源有偿使用制度就是实现环境损害与资源浪费的外部性内部化的一种机制。通过矿产资源的有偿使用,使环境外部不经济性内部化,让行为者合理负担其开发、破坏的成本,保证了经济主体从其自身效用和利益最大化来考虑,选择有利于生态环境保护的生产行为,实现经济发展与环境保护的可持续发展。

4. 实现矿区的和谐发展

推进矿区的和谐发展是落实科学发展观的一项重要举措。由于矿产资源多处于偏僻和不发达区域,当地整体经济水平多比较落后。长期以来,在我国矿区发展过程中矿区当地居民和矿业权人之间的各种矛盾不断发生。矿产资源长期无偿或者低价使用,一方面会加剧矿产资源的浪费及生态环境的破坏,另一方面会危害矿区居民的身体健康,从长远看将不利于整个矿区长期的经济发展和生态环境的保护,极易形成矿区发展的恶性循环。而矿产资源有偿使用制度的推行,将有效地缓解矿区经济发展与环境保护、矿业权人及矿区居民等多方面的矛盾。从而有利于国家筹措更多的资金用于矿山的恢复和矿区基础设施的建设,加速矿区的整体经济发展,并提高矿区居民的福利,最终实现矿区的和谐发展。

(三)我国矿场资源有偿使用制度的发展经过

矿产资源的有偿使用主要通过收取税费实现。第一,资源税。1984年9月18日国务院发布《中华人民共和国资源税条例(草案)》,规定资源税是对开采应税资源取得的超额利润征税,其目的在于调节开采不同资源的级差收益。1993年12月26日国务院发布了《中华人民共和国资源税暂行条例》,规定资源税以自然资源(原油、天然气、煤炭、其他非金属矿原矿、黑色矿原矿、有色金属矿原矿和盐)为课税对象,以销售数量为征税对象,只要有销售量就要纳税。第二,矿产资源补偿费。自1994年4月1日起施行《矿产资源补偿费征收管理规定》,开始征收矿产资源补偿费。矿产资源补偿费纳入国家预算,实行专项管理,主要用于矿产资源勘查。中央将矿产资源补偿费的分成所得纳入国家预算,实行专项管理,其中70%用于矿产勘查支出,20%用于矿产资源保护支出,10%用于矿产资源补偿费征收部门经费补助。第三,探矿权使用费和采矿权使用费。1996年8月29日修改的《中华人民共和国矿产资源法》规定:"国家实行探矿权、采矿权有偿取得的制度。"1998年国务院发布了《矿产资源勘查区块登记管理办法》《矿产资源开采登记管理办法》《探矿权采矿权转让管理办法》三个配套法规,将矿业权的有偿取得制度具体化。探矿权使用费和采矿权使用费都是由采矿权人根据其申请得到的矿区范围的面积按照一定的标准逐年缴纳的。第四,探矿权价款和采矿权价款。探矿权价款是指国家将自己出资勘查形成的探矿权出让给探矿权人,按规定向探矿权人收取的价款;采矿权价款将自己出资勘查形成的采矿权出让给采矿权人,按规定向采矿权人收取的价款。因此,探矿权价款和采矿权价款仅仅是国家为了收回前期的勘探投资成本,其收取是一种典型的对价交易。

(四)矿业税费制度的整合

学者认为,"收费制度是矿业法的核心问题"。其实,矿业立法的核心是市场进入的社会管制,即健康安全。环境保护、相关人利益保护及生态恢复等方面的管理立法,而不是关于以产权为中心的经济立法,这是矿业发达国家矿业立法的基本取向。这说明,关于税费制度在法律中的地位问题不是矿业立法的主要任务,但是当前要着重对较为紊乱的税费制度加以整合,重构矿业税费体系。这是矿业资源有偿使用制度实施的未来的发展趋势。

首先,矿业税不在矿业立法范围,应纳入专门的税法体系。税收属于专门的法律部门规定,由政府依法强制、无偿和固定征收的,与效率和可持续发展的矿业制度无法融合到一块。同时,在矿业立法中不夹带税收制度时,有利于我们整合矿业费用制度。

其次,对于国有矿产价值实现的方式和价格体现形式,可比照国内外经验通过招拍挂的方式出让国有资产,而获得的国家出让收入属于"出让金"。一些国家的"权利金"或学者提出的"矿租"以及现行的"矿产资源补偿费"等都不如使用"出让金":一是出让金能够涵盖探矿权的出让。国有矿产资源特定地段出让给他人勘探,国家收取出让费用的性质与开采性矿产权相同,区别在于勘探性矿产权要返还矿产资源本体,开采性矿产权则转移矿产本体而国家不再控制和管理已出让的客体,因而价格差比较大。二是比照土地出让金实行。国有土地出让给他人,国家收取土地的"出让金",这一概念及其内涵已经被民众所接受并形成了习惯,因而"出让金"制度有利于法律的实施。

总而言之,我国的理论和制度将矿产资源国家所有权置于一种"神圣"的保护之中,担心制度变迁会影响神圣的地位。而矿产资源的有偿使用制度则是对于矿产资源国家所有的一种平衡利用,在保护神圣的国有资产所有权地位还是要实现其绝对有偿的价值之间做出了抉择。

四、矿产资源监督管理制度

《矿产资源法》规定,国务院地质矿产主管部门主管全国的矿产资源勘查、开采的监督管理工作。矿产资源监督管理的基本内容包括产权监督和行为监督。矿产资源监督管理的内容是法律赋予的,未经法律确定的矿产资源监督管理的内容不具备法律效力。与矿产资源开发利用监督管理制度相配套的法规,有1987年国务院发布的《矿产资源监督管理暂行办法》。矿产资源监督管理包括矿产资源采选活动的全过程,从矿山基本建设开始,一直到矿山关闭。国家实行矿产资源开发与环境保护监督管理相结合的原则,要求执法监督主管部门与开发行业主管部门、企业主管部门的监督管理相结合;各主管部门的监督管理与矿山企业自身的监督管理相结合;专职与兼职管理人员相结合。

(一)矿产资源监督管理体制的现象与问题

1. 措施可操作性的缺乏

目前,我国主要有《矿产资源法》《矿产资源法实施细则》、矿产管理部门制定发布的行政规章以及各地方人大和政府发布的地方性法规规章。在这些法律法规中,有些矿业市场准入制度不合理,准入门槛低,准入条件非量化。而矿产资源的有限性决定了国家对进入该领域的企业要给予一定限制,但是由于制度的缺陷,并没有达到限制的目的。以《煤炭法》为例,《煤炭法》第 18 条规定的开办煤炭企业的六项条件来看,条件低,不细化,使许多生产技术条件比较差的小煤矿能够通过审批成立,从而造成资源浪费和环境污染。又如《矿产资源法》第 29 条规定:"开采矿产资源,必须采取合理的开采顺序、开采方法和选矿工艺。矿山企业的开采回采率、采矿贫化率和选矿回收率应当达到设计要求。"但这些规定随意性强,可操作性弱。因为没有一个统一的、动态的、比较公平的量化的标准,这也正是造成资源开采回采率低,损失浪费严重的原因之一。

2. 行政监督管理职权的冲突

我国《矿产资源法》的立法宗旨就是为了保障矿产资源的合理利用和良好的矿区生态环境,同时对矿产企业的日常生产活动进行监督管理。不过总体上,这些主要的监督管理制度仍是粗线型的,由于种种原因存在较多问题,主要有以下几种:首先,矿产资源管理政出多门,不分主次,各部门之间在权力配置上互相纠缠。例如《矿产资源法》规定:"开采石油、天然气、放射性矿产等特定矿种的,可以由国务院授权的有关主管部门审批,并颁发采矿许可证。"这款规定部分地限制了地质矿产主管部门的管理权限,在实践中往往会造成部门管理的冲突。其次,许多矿产资源管理内容遗漏、职责空缺。例如关于矿产资源开发利用过程中环境防治与恢复问题,由于地矿部门与环保部门争夺主管权,至今有关该问题的法律规定都未出台。此外,矿产开采项目建设过程中环境影响评价和地质环境影响评价之间的关系,依照目前的行政管理内容尚不能进行准确定位和监督管理,更谈不上把两者结合起来进行集中审批,简化行政审批手续。

3. 矿产资源管理社会参与与多元化管理手段的缺失

长期以来,政府包揽了资源的供给,使得市场机制在这一领域的导入缺乏相关条件的配合。资源本身的物品属性使其成为市场交易客体方面显得十分困难。我国目前矿业资源一方面强调国家行政管理的广度,另一方面在管理的手段上却依然是直接管制为主,最多辅以罚款、吊销许可证等强制手段。在市场经济体制下经济手段使用的缺乏,公众参与意识的薄弱,政府失灵是难以避免的。由于利益的驱动,还可能诱发权力寻租和腐败现象。目前的行政管理体制还忽视矿产行业协会的自律管理作用,依靠行业组织的非政府性质对目前滥采滥挖,争相压价的矿资源开发利用现象进行管理,也会有利于减少矿产资源开发中的"权力寻租"现象。

(二)矿产资源监督管理体制的改革发展方向

根据制度成因的分析可知,矿产资源开发与管理中的五方面问题,都可归因到体制和机制层面。首先,体制方面不全:形势变化而相关体系没有与时俱进的发展,没有形成统筹且能使参与各方实际有职有责的管理体制。机制方面不顺。矿产资源价格形成机制没有理顺。矿产资源价格没能充分反映矿产资源的市场供求关系、环境的治理和生态的恢复成本,安全投入成本,以及社区的补偿成本等。监管机制、协调机制和干部考核机制等方面没有理顺,致使矿产资源管理不到位,矿产资源价格不合理。因此矿产资源管理体制机制方面的不足都需要改,要统筹操作。其次,矿产资源管理体制机制还不够规范。这一点尤其表现在矿业权市场中。不但矿业权市场出让主体,出让方式和出让过程有待规范,而且矿业权二级转让市场也不规范,矿业权价格的制度存在缺陷。矿业权市场中介服务行为不够规范,所以矿产资源管理体制机制需要在各个方面进一步规范,最后管理效率不高,不能有效维护矿产资源的开发秩序,提高资源利用率。

因此,基于前述问题和制度成因分析,以及上述三个方面。矿产资源管理体制机制改革,应在以下三个方向着力:全面、规范和高效。(1)全面是要使矿产资源的管理以产权约束为基础,实行行政管理和产权管理相结合,实物管理和价值管理相配套,技术监督和经济监督相协调的管理模式。在体制方面要合理划分中央和地方管理矿产资源权限,提高管理集中度,理顺利益分配机制,建立新型的行政管理模式和有效的矿产资源行政管理层级结构间沟通,加强中介机构建设,完善矿产资源管理组织体系。同时考虑地区性因素,实行统一原则下的差异化管理,使矿产资源管理体制趋于理想设置模式。在价格形成机制方面,要使矿产资源价格构成完整,包括矿业权的取得成本,税费和损害权益补偿成本(包括环境的治理和生态的恢复成本,安全投入成本,以及社区的补偿成本等)。在监管机制方面,必须严格矿业权人勘查开采活动的监管。加强矿产资源合理开发利用的监管,全面开展矿山储量动态监督管理,健全完善长效机制,加强日常监督,加强执法监察工作。(2)规范是要建立规范的矿业权市场,无论在矿业权一级出让市场,还是在二级转让市场,都应要按照公平公开公正的原则进行交易,规范操作,避免交易中的寻租行为。同时还要规范矿业权市场中介服务行为,扩大探矿权采矿权流转渠道。(3)高效,就是要通过调整矿产资源管理体制机制,切实转变政府职能,提高管理效率,从而提高矿产资源开采的可得率。这方面主要是通过改革资源税的计征方式,提高税负,调整矿产资源补偿费,增强矿产企业节约资源和提高技术的动力,从而提高资源可得率。同时还要加快矿山企业股份制改造,推进矿山企业上市,实现矿山企业做大做强,促进企业在规范的基础上高效发展,因此矿产资源管理体制机制的改革主要是通过调整组织结构,强化矿产资源统一管理,规范矿业权市场,明晰产权,实现矿产资源有偿开采,减少政府特许所形成的垄断,并实现矿业权的顺利流转,再加上以竞争方式改变为载体,以提高税负为核心的资源税改革,以及以权利金为主体的生态补偿机制,形成完全的矿产资源价格,使资源价格达到一个合理的水平,而国家作为矿产资源的所有者,与一般意义上的所有者有着根本的不同,必须考虑矿产资源的合理规划,科学利用,战略储备,以及依附于矿产资源的社会、经济、环境效益的全面协调和可持续发展。因此,矿产资源管理体制机制是集勘探、利用、保护管理及地质灾害防治的一系列活动的动态管理体制机制。

五、矿产资源勘查开采审批制度

《矿产资源法》规定国家对矿产资源的勘察实行统一规划、综合勘察,规定由国务院地质矿产主管部门主管全国矿产资源勘察、开采的监督管理工作。国务院有关主管部门协助国务院地质矿产主管部门进行矿产资源勘察、开采的监督管理工作。省、自治区、直辖市人民政府地质矿产主管部门主管本行政区域内矿产资源勘察、开采的监督管理工作。省、自治区、直辖市人民政府有关主管部门协助同级地质矿产主管部门进行本行政区域内矿产资源勘察、开采的监督管理工作。国务院地质矿产主管部门和由其委托的各省、自治区、直辖市人民政府地质矿产主管部门是矿产资源勘察登记的管理机关。建立了有利于保障探矿权人合法权益的勘查登记管理制度,规定探矿权人有权优先取得勘探作业区内矿产资源的开采权。与勘察登记相配套的法规是《矿产资源勘察登记管理暂行办法》和《石油及天然气勘察、开采登记管理暂行办法》。我国还建立了有利于保障采矿权人合法权益的采矿登记管理制度。1998年国务院颁布的《采矿登记管理暂行办法》规定设立矿山企业必须符合规定的资质条件,并按照矿产资源的储量规模,重要程度,资源赋存的特定空间来划分采矿审批权,保障了重要的矿产资源可以掌握在中央政府手中。

六、矿产资源环境保护制度

(一)矿业环境问题的严重性

矿产资源是国民经济和社会发展的重要物质基础,新中国成立初期,因为过度追求经济的发展而忽略了矿产资源开发的平衡性,从而造成了资源基础的严重削弱,环境污染以及生态破坏。据统计,截止到2000年我国由于大规模的矿产资源采掘产生的废弃物造成压占、采空区塌陷等毁损土地面积已经达到200万公顷,并以每年2.5万公顷的速度在发展。与此同时带来的大气、水体、土壤的污染,加剧水土流失和诱发塌陷、泥石流等地质灾害的严重后果。

中国土地矿产法律事务中心于2010年11月20日在北京举行的"2010低碳发展与土地复垦政策法律国际研讨会"上发布的《低碳发展与土地复垦政策法律研究报告》表示,从20世纪50年代以来,随着国家工业化的发展,生产建设破坏土地的情况十分严重,特别是80年代以后,随着生产建设规模的不断扩大和开发速度的加快,对资源破坏规模和程度都远远超过以往,可以说是资源的掠夺性发展。研究报告表示,土地破坏的规模和程度持续增加,复垦形势十分严峻。据粗略估计,目前中国矿产资源开发等生产建设活动,挖损、塌陷、压占等各种人为因素造成的破坏废气的土地约2亿亩,约占耕地总面积的10%以上,而全国土地复垦率仅为15%左右。根据中国土地矿产法律事务所中心调研,受法制、机制、资金等各方面条件制约,矿山土地复垦率低,且复垦工作都是以立法的形式,主要由国家出资,矿山企业出一小部分资金完成。

随着矿山开采多元化以来,产生了大量私有业主。私有业主大多只注重经济效益,置矿工的人身安全于不顾,致使事故频繁发生,引起的纠纷日益增多。矿山的瓦斯爆炸、矿井突水、冒顶、片帮等等事故层出不穷,严重威胁着矿工的生命安全。矿山环境引起的纠纷日益增多,采矿引起的一系列环境问题还引发了一系列社会问题和矛盾,一些受害单位和个人不得不把矿山企业推向法庭,一些村民集体到上级部门上访告状,形成了新的社会不安定因素。由于矿山环境没有得到很好的治理,使得矿山与矿山之间,矿山与村民之间,矿山与当地政府之间的矛盾和纠纷日益突出。

(二)构建矿业环境保护体系

关于矿业环境保护的对策和方法等,已有较多的学者作出有益的探索,在学者的理论成果和现行制度的基础上,需要从整体视角整理矿业环境保护制度的体系安排。矿山地质环境的破坏及人们对矿山地质环境的恢复治理是动态变化的,要在矿山地质环境调查的基础上,建立矿山地质环境保护数据库和信息系统,数据库和信息系统的建设,要确定科学合理的指标,指标设计既有矿山地质环境保护的代表性,又要便于实际操作,制定适合于矿山地质环境保护信息管理平台的信息化标准,规范工作流程和数据采集标准,加快信息的采集和传输速度。要建立矿山地质环境保护信息报送制度,矿山企业对矿区范围的矿山地质环境实施动态监测,对于采矿引起的突发性地质灾害要及时报告。做好矿山地质环境保护与治理方案编制和审批工作,从源头上抑制采矿产生新的环境地质问题。矿山地质环境保护规定应当明确:采矿申请人申请办理采矿许可证时,应当编制矿山地质环境保护与恢复治理方案,报有批准权的相应行政主管部门批准。矿山地质环境保护与治理恢复方案编制和审批是一项全新的工作,要对有资质的单位技术人员加紧培训,提高矿山地质环境保护与治理恢复方案的编制质量。

完善矿山恢复保证金制度。尽量避免和减少采矿对矿山环境的破坏。在调查研究的基础上。在国家层面上,出台矿山环境恢复保证金管理的指导性意见,意见要重点明确,采矿权人对按照矿山环境保护与治理恢复方案的要求,履行了矿山环境治理恢复义务后的验收标准、验收程序和资金的返还办法。通过矿山环境恢复保证金制度的不断完善。争取做到不欠矿山环境的新账。恢复矿山生态环境,平整和增加农业或工业用地,减少了矿区水土流失,改善了矿区居民的人居环境,保障人民生命财产安全。缓解了矿山企业与矿区农民的矛盾。出台优惠政策,鼓励社会投资治理矿山地质环境。矿山环境恢复治理要引入市场机制,积极探索矿山生态环境恢复治理的新途径,新方式和新方法。鼓励企业加大矿山环境保护资金投入,使矿山环境保护和治理走向良性循环的健康发展道路。

着手制定《矿业环境保护法》。矿业环境保护任务艰巨,应建立健全有利于节约能源资源和保护生态环境的法律和政策,加快形成可持续发展体制机制。矿山企业和矿业投资人具有承担矿业环境治理恢复的义务。通过法律规范和强制矿主合理履行义务。通过立法来促进矿产资源综合开发利用,全国现已有一些省、自治区制定出台了包括矿山环境保护内容的地方性法规。为全国性法律制定提供了实践性基础,实践也需要全国性的立法予以统一。《矿业环境保护法》以《环境保护法》《矿业法》为基础。对矿业法中关于矿业环境保护的系列原则性规定予以展开规定。矿业环境保护法的主要内容应包括:谁开发谁保护,源头控制和可持续发展为原则。明确矿业环境保护责任主体和行政监督主体,并界定行政监督主体的权利范围。建立矿业环境保护规划制度,并纳入国民经济和社会发展规划。使矿山环境保护与经济社会发展相协调,进行矿山环境监测,及时了解矿山环境变化趋势,建立矿山生态环境恢复补偿机制和环境治理恢复保证金制度。加强对违法矿业环境保护法的惩罚制度。

第二节　矿产资源法律体系中的法律问题分析

一、矿业权的含义及性质

(一)矿业权的概念

矿业权属于自然资源权,是一种财产权,但我国现行立法未对矿业权进行一个明确的定义,笔者认为矿业权是指为了实现矿产资源国家所有权的开发利用,赋予权利人在特定的矿区勘查、开采特定矿产资源的权利。《矿业权出让转让管理暂行规定》第 3 条将矿业权划分为探矿权和采矿权。根据《矿产资源法实施细则》第 6 条的规定,探矿权是指在依法取得的勘查许可证规定的范围内,勘查矿产资源的权利。取得勘查许可证的单位或者个人称为探矿权人。采矿权,是指在依法取得的采矿许可证规定的范围内,开采矿产资源和获得所开采的矿产品的权利。取得采矿许可证的单位或者个人称为采矿权人。

(二)矿业权的性质

1. 矿业权的私权、财产权属性

矿业权为私权。矿业权可以为一般民事主体所享有,并不以行政主体为限,且矿业权人享有矿业权本身并不是向国家承担一项社会责任,或者承担行使公权职责。矿业权行使的直接目的不是公共利益,其并不直接涉及政治生活领域。相反,矿业权本身可以为矿业权人带来私法上的个别利益,矿业权人既可以实际享有行使矿业权而获得的探矿或采矿利益,也可以通过矿业权市场来获得权利的交换价值。只要在法律允许的范围内,无论是国家作为特殊民事主体,还是一般矿业权人都允许通过对矿业权进行商品性流转以实现自身利益的最大化。从这个意义上看,国家在矿产资源开发的商品交换性的活动中的利益,同样是其作为特殊的矿业权人依法所享有的合法利益,当然亦应依法予以保护。正因如此,矿业权才被认为是一项民事权利,私权的理念才应是我国矿业权法律规范体系得以构建的法理基础。

矿业权为财产权。民事权利按照权利的内容为标准又可以分为财产权、人身权、知识产权、社员权等。其中,财产权是指以财产为客体的权利。其特点是权利直接体现经济价值,权利可以转移。[①] 矿业权以矿产资源的勘查和开采为其核心内容,该权利能够直接为矿业权人带来经济利益,并不依附于特定的身份,可以自由流转,所以具有明显的财产属性。

综上,矿业权的本质就是国家对那些与矿产资源开发有关的利益给予了法律上的强制保护,因而矿业权无疑是一种私权、一种财产权,其体现的当然是财产利益。在通常情况下矿业权人可以依自己的意志转让其合法享有的矿业权;同时在矿业权受到非法侵害时,对加害人首先或更主要应适用财产性质的责任,如要求加害人返还原物、赔偿损失、支付违约金等,最终只有落实到民事保护方法上来才有实际意义。

---

① 吕忠梅、尤明青:《试论我国矿产资源所有权及其实现》,载《资源与人居环境》2007(24).

矿业权是物权。传统民法将财产权分为物权和债权。我国《物权法》第2条第3款规定："物权是指权利人依法对特定的物享有直接支配和排他的权利,包括所有权、用益物权和担保物权。"传统民法理论中的债权则是指请求特定主体为特定行为的权利。[①] 物权相比于债权具有以下主要特征:物权的对象是特定的物或权利。这里主要是指独立的、特定的有体物,但权利也可以成为物权的客体。我国《物权法》第2条第2款明确规定:"本法所称物,包括不动产和动产。法律规定权利作为物权客体的,依照其规定。"可见,我国物权法调整的对象并不限于有体物,其已经是一个更为广泛的概念。

2. 物权是一种直接支配权

物权以直接支配物作为其基本内容。"直接"是指物权人对于标的物的支配,不需要借助于他人,不需要有他人的意思或者行动的介入。"支配"是指占有、使用、收益和处分等权能的总和。在不违反法律的前提下,这种支配原则上完全取决于权利人的意思,既可以进行事实上的处分,也可以进行法律上的处分。

3. 物权是一种排他性的权利

物权是一种绝对权,或称对世权。这主要体现在,一方面,任何人都不得侵犯他人所享有的物权,任何人都负有这种消极的义务;另一方面,一旦特定的物之上设置了一种物权,那么同时也就排除了他人在其上设立与之不相融的另一物权的权利。

探矿权和采矿权都是以对矿产资源进行开发利用为目的设立的,其中探矿权内容是在特定的勘查工作区勘查地表或地下的矿产资源,采矿权则直接是以挖掘矿产资源并获得矿产品为其权利内容,这都是一种对物的支配性的权利。矿业权人一旦获得矿业权便可以按照自己的意思支配其客体,其利益实现无需他人意思和行动的介入,具有直接支配性。在同一矿区或工作区不能同时存在内容相同的矿业权[②],所以矿业权毋庸置疑具有排他性。

可见,正是由于矿业权具有物权的一般特征,我国《物权法》才将其纳入自己的调整范围,而这也意味着立法业已对矿业权的物权属性给予了充分的肯

[①]　江平:《民法学》,中国政法大学出版社2000年版。

[②]　朱建华、徐龙震:《浅论矿业权的物权化法律调整》,载《山西能源与节能》2006(2)。

定。矿业权作为国家资源所有权的一种重要实现方式,建立在国家对自然资源所有权之上,是国家作为矿产资源的所有人通过行政许可的方式予以设立的,是以矿产资源的利用为核心内容,即矿业权是一种建立在他人所有物之上,并对该物进行使用收益的权利。而这恰恰是用益物权的制度价值所在,即通过用益物权制度解决物的所有和利用之间的矛盾,达到物尽其用的法律效果。这种"使用和收益"在探矿权中体现在对特定地块的勘查,探明储量并优先获得采矿权;而采矿权则直接体现在对业已探明的特定矿产资源可以进行采掘,并最终获得矿产品的所有权。

矿业权为用益物权,同时又属于不动产物权,从而使其自然适用关于不动产物权的原则、规范和制度。由于不动产物权以登记为形式要件,因此,自然而然地,矿业权的转移包括出让、转让都需到有关管理机关办理登记手续,其出让、转让合同均以管理机关的审批登记为生效要件。因此,明确了矿业权的物权属性,也在一定程度上协调了矿业权在民事法律关系中的物权性质和在行政法律关系中的许可特性。

二、矿业权的取得

(一)探矿权

1. 探矿权取得的条件

法律并未明确定义探矿权取得资质条件的概念、内涵及主要特征等,但《矿产资源法》以及《矿产资源勘查区块登记管理办法》中均有相关的规定和要求。《矿产资源法》第 3 条第 4 款规定,从事矿产资源勘查和开采的,必须符合规定的资质条件。第 15 条规定:"设立矿山企业,必须符合国家规定的资质条件。"

《矿产资源勘查区块登记管理办法》第 5 条规定,探矿权申请人应当对申请区域内的矿产资源出资勘查,并自领取勘查许可证之日起,按照规定完成最低勘查投入。申请国家出资勘查的探矿权人,由国家委托其进行勘查。第 8 条规定,符合探矿权申请条件、资料齐备的探矿权申请人,准予登记后,应在自收到通知之日起 30 日内,按该办法第 13 条的规定缴纳国家出资勘查形成的探矿权价款,办理登记手续,领取勘查许可证,取得探矿权。由以上规定,可认为取得探矿权需要具备如下资质条件：

首先，申请人应具有法定的民事主体资格。探矿和采矿作为民事法律行为，要求行为人具有相对应的行为能力。根据《矿产资源法》及《矿产资源法实施细则》第 6 条等相关规定，探矿权人、采矿权人须为具有完全民事行为能力的自然人以及能独立承担民事责任的法人或其他组织。依法取得勘查许可证的单位或个人称为探矿权人。

其次，申请人应具有一定的资金实力。探矿权使用费和探矿权价款是探矿权人必须缴纳的费用，法律亦明确规定了探矿权人的最低勘查投入（且勘查投入应当逐年增加），进行探矿权申请时也需要提交勘查项目资金来源证明，部分地区（如云南省）更是对探矿权申请人的资本实力做出了具体限制，证明探矿权的取得需要一定的资金实力来保障。探矿权是具有排他性的权利，如果探矿权人资金无法续接，则探矿权无法顺利实现，他人也不能立刻在探矿许可证的范围内申请第二个探矿权，将会造成勘查资源和矿产资源的浪费，不利于经济发展。

再次，勘查单位应当具有相应的资质证书。探矿与采矿不同，矿产资源勘查本身就是需要专业技术支持的项目，普通人难以做出准确的判断和评估。而对于勘查、探明矿产资源过程中的各种常见复杂情况，例如遇到勘查难度较大的重点成矿带、矿产资源处在罕见地质条件中或地面上有着文化古迹，以及遇见某些勘查不当时会造成环境破坏的矿产资源等，都需要较高的专业知识和技术水平，才能有效探明矿产资源的赋存情况、保护好生态和人文环境。因此，勘查单位必须拥有与不同种类的矿产资源勘查相对应的勘查资格。

最后，探矿权的取得应当符合法定的程序要件。《矿产资源区块登记管理办法》的第 6 条规定了探矿权人在申请探矿权时应当向登记管理机关提交的材料；第 4 条和第 8 条则规定了勘查许可证的申请程序。此外，申请勘查石油、天然气的，还需要提交特殊材料。

2. 探矿权新设取得的方式

探矿权的新设取得方式有直接向地质矿产主管部门申请取得、通过招标拍卖挂牌方式竞争取得和通过其他探矿权人转让探矿权而取得三种。探矿权的取得由自然资源部和省国土资源厅进行审批。

（1）探矿权的申请取得

根据《矿产资源勘查区块登记管理办法》第 4 条、第 5 条、第 6 条、第 8 条的规定,勘查矿产资源的,由国务院地质主管部门审批登记;勘查出资人为探矿权申请人,应当向登记管理机关提交系列材料;登记管理机关自收到申请起40日内,根据申请在先的原则作出准予登记或不予登记的决定,并通知申请人。获得准予登记决定的申请人即取得申请资料上载明相应区块的探矿权。

(2)探矿权的招标拍卖挂牌取得

所谓探矿权招标,是指主管部门发布招标公告,邀请特定或者不特定的投标人参加投标,根据投标结果确定探矿权、采矿权中标人的活动;所谓探矿权拍卖,是指主管部门发布拍卖公告,由竞买人在指定的时间、地点进行公开竞价,根据出价结果确定探矿权、采矿权竞得人的活动;所谓探矿权挂牌,是指主管部门发布挂牌公告,在挂牌公告规定的期限和场所接受竞买人的报价申请并更新挂牌价格,根据挂牌期限截止时的出价结果确定探矿权、采矿权竞得人的活动。

(3)探矿权的转让取得

探矿权可以转让的情形有着明确的法律规定。根据《探矿权采矿权转让管理办法》第3条规定,探矿权的转让须在"探矿权人在完成规定的最低勘查投入后,经依法批准"的情形下进行。根据《探矿权采矿权转让管理办法》第5条规定,转让探矿权,应当具备下列条件:第一,自颁发勘查许可证之日起满2年,或者在勘查作业区内发现可供进一步勘查或者开采的矿产资源。自颁发勘查许可证之日起满2年是指,自领取勘查许可证成为探矿权人之日起,勘查活动必须进行2个勘查年度以上。勘查年度是指,以勘查许可证生效之日起每过365天,计为一个勘查年度。在勘查作业区内发现可供进一步勘查或开采的矿产资源须经矿产主管部门审查认定。第二,完成规定的最低勘查投入。根据国务院1998年颁布的《矿产资源勘查区块登记管理办法》第17条的规定,最低勘查投入是指在第一个勘查年度每平方千米不低于2000元,第二个勘查年度,每平方千米不低于5000元,从第三个勘查年度起,每个勘查年度每平方千米不低于10000元。第三,探矿权的权属无争议。探矿权属用益物权,具有严格的排他性,符合物权法的"一物一权主义",因此在同一个勘查作业区内不能同时存在两个以上探矿权,它应该是无瑕疵、无争议的权利。第四,按照国家有关规定已经缴纳探矿权使用费、探矿权价款。第五,国务院地质矿产主管部门规定的其他条件。

转让探矿权必须同时具备上述五个方面的条件,缺一不可。另外,探矿权转让后,其勘查年度、探矿权使用费和最低勘查投入连续计算。

3.勘查许可证

勘查许可证又称探矿证、探矿许可证,是指探矿权申请人获得法律许可,对矿产资源进行勘查以及行使探矿权人其他权利的合法凭证。按照《矿产资源勘查区块登记管理办法》规定,勘查许可证由国务院国土资源主管部门印制,由国务院国土资源主管部门和省、自治区、直辖市人民政府国土资源主管部门按照规定的权限颁发。

(二)采矿权

1.取得采矿权的条件

《矿产资源法》第3条第5款规定:"从事矿产资源勘查和开采的,必须符合规定的资质条件。"《矿产资源开采登记管理办法》第5条规定:"采矿权申请人申请办理采矿许可证时,应当向登记管理机关提交下列资料:①申请登记书和矿区范围图;②采矿权申请人资质条件的证明;③矿产资源开发利用方案;④依法设立矿山企业的批准文件;⑤开采矿产资源的环境影响评价报告;⑥国务院地质矿产主管部门规定提交的其他资料。"

国务院地质矿产主管部门印发了《关于矿产资源勘查登记、开采登记有关规定的通知》,该部门规章性的文件中对采矿权的申请应提交的资料作了如下规定:①采矿权申请登记书;②以地质地形图或地质图为底图的矿区范围图;③有设计资格的单位编制的矿产资源开发利用方案,包括以下内容:矿山位置、地形、地貌、储量、质量及其可靠程度等;矿区范围、开采矿种、设计利用储量、矿山生产规模、服务年限、开采方式、开采方法、综合开发、综合利用等方面的技术、经济论证及确定的方案;④法人营业执照或个体营业执照;⑤具有与矿山建设规模相适应的资金、技术和设备条件的证明材料;⑥申请由国家出资探明矿产地的采矿权的,还应提交采矿权评估机构确认的有关资料;⑦环境影响报告及环保部门的审批意见。

采矿登记管理机关在收到采矿权申请人报送的采矿登记申请资料和下一级登记管理机关的调查意见后,应对下列内容进行审查:①申请范围和面积与登记管理机关批准划定的矿区范围和面积是否相一致;②矿山生产规模是否有变化、是否与设计利用储量相适应;③矿山设计服务年限是否合理;④矿产资源综合开发、综合利用、综合回收是否合理;⑤采矿权申请人是否具备必要的资质条件;⑥其他需要审查的内容。

综上可知,申请采矿权的资质条件主要包括以下两个方面:①具备法人营业执照或个体营业执照;②具有与矿山建设规模相适应的资金、技术和设备条件。

2. 采矿权取得的方式

根据我国现行相关法律法规采矿权的取得主要有两种方式:是出让取得,二是转让取得。

（1）出让方式取得采矿权

根据《矿业权交易规则（试行）》第 2 条可知,采矿权出让是指国土资源主管部门根据矿业权审批权限和矿产资源规划及矿业权设置方案,以招标、拍卖、挂牌、探矿权转采矿权、协议等方式依法向采矿权申请人授予采矿权的行为。由此可知,目前采矿权出让有招标、拍卖、挂牌、协议、探矿权转采矿权五种方式。

招标出让采矿权。它指政府部门在对某矿产地有了明确的开发利用意图和规划条件后,为寻求一个利于实现该规划的开发者而采取的一种方式。这种情形通常适用于政府采矿权登记机关以发布招标公告或招标邀请书的形式,公开向社会不特定的采矿权申请人发出出让要约邀请,采矿权申请人以投标的形式向采矿权登记机关发出要约,经过评审委员会评标优选,确定中标人,并与之最终签订采矿权出让合同的过程。登记管理机关可以作为招标人在其采矿权审批权限内直接组织招标,也可以委托中介机构代理招标。登记管理机关采用招标方式出让采矿权时,应将确定的拟招标区块或矿区范围、招标时间和投标人的资质条件要求,在《中国国土资源报》发布公告。

拍卖出让采矿权。它指政府部门对某矿产地有了明确的开发利用意图后,主管部门依照有关规定组织竞买人竞价,以竞价结果来确定采矿权受让人的方式。登记管理机关在其矿业权审批权限内组织采矿权拍卖。拟拍卖采矿权的区块或范围、拍卖时间和对竞买人的资质条件要求由登记管理机关确定,并由其在《中国国土资源报》发布公告。

挂牌出让采矿权。它指主管部门将拟出让采矿权的交易条件在矿业权交易场所挂牌公布,在公布期限内接受竞买人报价,根据挂牌期限截止时的出让价结果确定采矿权受让人的方式。

协议出让采矿权。它指主管部门依法以批准申请出让采矿权的方式,是采矿权申请人的申请经批准后,与主管部门协商各项事项,在双方达成一致意见的前提下,签订出让合同的过程。为坚持依法依规采取招标拍卖挂牌等市场竞争方式公开出让采矿权的原则,国土资源部 2015 年发布《关于严格控制和规范矿业权协议出让管理有关问题的通知》(国土资规[2015]3 号),严格规范该种出让方式。

探矿权转采矿权。《矿业权出让转让管理暂行规定》第 16 条规定:"在探矿权有效期和保留期内,探矿权人有优先取得勘查作业区内矿产资源采矿权的权利,未经探矿权人的同意,登记机关不得在该勘查作业区内受理他人的采矿权申请。"

(2)转让方式取得采矿权

根据《矿业权出让管理暂行规定》第 36 条、《矿业权交易规则(试行)》第 2 条可知,采矿权转让是指采矿权人将采矿权依法转移给他人的行为,包括出售、作价出资、合作、重组改制等。采矿权的出租、抵押,按照采矿权转让的条件和程序进行管理,由原发证机关审查批准。

出售、作价出资、合作。采矿权出售是指采矿权人依法将采矿权出卖给他人,由其进行开采矿产资源的行为。采矿权作价出资是指采矿权人依法将采矿权作价后,作为资本投入企业,按出资数额行使相应权利,履行相应义务的行为。合作勘查或合作开采经营是指采矿权人引进他人资金、技术、管理等,通过签订合作合同约定权利义务,共同开采矿产资源的行为。

出租。采矿权出租是指采矿权人作为出租人将采矿权租赁给承租人,并向承租人收取租金的行为。采矿权出租应当符合国务院规定的矿业权转让的条件。采矿权人在采矿权出租期间继续履行采矿权人的法定义务并承担法律责任。出租国家出资勘查形成的采矿权的,应按照采矿权转让的规定进行评估、确认,采矿权价款按有关规定进行处置。已出租的采矿权不得出售、合资、合作、上市和设定抵押。

抵押。采矿权抵押是指采矿权人依照有关法律为自己或他人的债务以其拥有的采矿权在不转移占有的前提下,向债权人提供担保的行为。以采矿权作抵押的债务人为抵押人,债权人为抵押权人,提供担保的采矿权为抵押物。债权人要求抵押人提供抵押物价值的,抵押人应委托评估机构评估抵押物。采矿权设定抵押时,采矿权人应持抵押合同和矿业权许可证到原发证机关办理备案手续。采矿权抵押解除后 20 日内,采矿权人应书面告知原发证机关。债务人不履行债务时,债权人有权申请实现抵押权,并从处置的采矿权所得中依法受偿。新的采矿权申请人应符合国家规定的资质条件,当事人应依法办理采矿权转让、变更登记手续。采矿权人被吊销许可证时,由此产生的后果由债务人承担。其他方式。主要包括赠与、继承、交换等方式,在此种情况下,当事人应当携带有关文件到登记管理机关办理变更手续。

3. 采矿许可证

采矿许可证是采矿权人行使开采矿产资源权利的法律凭证。我国采矿权实行统一审批登记制度,即国家对开办的国有矿山企业、集体矿山企业、私营矿山企业和个体采矿进行审查、批准、颁发采矿许可证的制度。采矿权许可证由国务院国土资源主管部门统一印制,各级国土资源主管部门按照法定的权限颁发。采矿许可证的主要内容包括:采矿权人、地址、矿山名称、经济类型、开采矿种、开采方式、生产规模、矿区面积及有效期限等。采矿许可证不得买卖、涂改、转借他人。采矿许可证可以依法延续、变更和注销。采矿许可证遗失可以向原发证机关申请补办。

三、矿业权的权利内容

(一)探矿权的权利内容

探矿权,是指在依法取得的勘查许可证规定的范围内(探矿权的勘查工作区平面范围以经纬度划分的区块为基本单位区块,基本单位区块的1/4为四分之一区块,四分之一区块的1/4为小区块;勘查工作范围是平面范围以下范围,没有深度限制;但在划定范围时有特殊规定的除外;每个勘查项目依据勘查的矿种的不同有不同的最大范围限制),勘查矿产资源的权利。取得勘查许可证的单位或者个人称为探矿权人。

1. 探矿权人的权利:在勘查许可证规定的范围内进行勘查活动,其他人不得在其范围内进行矿产资源勘查和开采活动;依法申请应缴纳的探矿权使用费的减免;优先取得勘查作业区内矿产资源的采矿权;依法转让探矿权;申请探矿权保留;自行销售勘查回收的矿产品;可以依法申请边探边采;可以要求登记管理机关对其有关资料予以保密;根据勘查的需要依法临时使用土地;申请撤销勘查项目;申请法律保护。

2. 探矿权人的义务:缴纳探矿权使用费;依法申请探矿权的变更登记;保

证勘查投资不低于法定的最低投入;确保按期开工勘查并不得无故停工超过6个月;实施对共生矿、伴生矿的综合勘查、综合评价;编写地质勘查报告并向国家汇交;探明的矿产资源储量报经矿产资源储量审批机关批准;接受管理机构的监督管理并如实报告和提供有关资料;遵守国家劳动安全、土地复垦和环境保护的规定;因勘查活动对他人造成财产损害的给予补偿;依法办理勘查许可证注销手续;依法接受管理机构的行政处罚。

(二)采矿权权利内容

采矿权,是指在依法取得的采矿许可证规定的范围内,开采矿产资源和获得所开采的矿产品的权利。取得采矿许可证的单位或者个人称为采矿权人。在"矿法""开采登记""勘查登记"和"转让办法"中明确了具体的探矿权人和采矿权人的权利和义务。所以,探矿权和采矿权是一组受限制的法律权利,其中包括自然的、行为的、相邻关系的、经济的、社会的、综合的权利和责任。探矿权和采矿权的内涵极其丰富,需要从法律、行政、经济和社会责任角度来理解。

1. 采矿权人的权利:在矿区范围内进行采矿或探矿活动;依法申请应缴纳的采矿权使用费、矿产资源补偿费的减免;依法获得土地使用权;依法申请有效期的延续;依法申请采矿权的变更;依法转让采矿权;申请停办、关闭矿山;申请法律保护。

2. 采矿权人的义务:依法缴纳采矿权使用费和矿产资源补偿费;按批准的矿产资源开发利用方案进行开采;在开采过程中实施有效保护、合理开采、综合利用矿产资源;按要求编制井上井下对照图;依法申请采矿权的变更登记;提出停办、闭坑要求并办理采矿许可证注销登记手续;接受管理机构的监督管理并提供有关资料和年度报告;遵守国家有关劳动安全、土地复垦、环境保护等规定;因开采矿产资源对他人造成财产损失的给予补偿;依法接受管理机构的行政处罚。

四、矿业权权利流转

(一)矿业权流转的内涵

从法律的角度来说,流转是指同一权利客体在不同主体间的转移。[①] 矿业权流转即矿业权作为财产权在矿产资源所有者与矿业权人、矿业权人相互之间的转移行为。矿业权的流转指在矿业权市场中,不同主体之间发生的让渡或转移矿业权的交易活动,既包括探矿权的让渡和转移也包括采矿权的让渡和转移。矿业权的主体有出让方、转让方和受让方,除了出让方只能是国家外,转让方和受让方可以是企业或自然人。其中,矿业权的出让指国家向企业或个人转移矿业权,是一种纵向的流转。矿业权的转让指平等主体间的矿业权的转让,是一种横向的流转。《矿业权出让转让暂行规定》中规定,矿业权的出让指登记管理机关向矿业权申请人授予矿业权的行为,矿业权转让指矿业权人转移或让渡矿业权的行为。

矿业权依法流转的前提是矿业权主体从矿产资源所有者国家手中取得矿业权。于是,矿业权的出让形成了以矿产资源所有者和矿业权人为市场主体的一级市场。其实质是各级国土资源主管部门作为矿产资源所有权人的代理人,采用市场的方式将矿产地的矿业权出让给不特定矿业权申请人的各种社会关系的总和。相应的,矿业权人为了经营目的将矿业权再次投入流通所形成的市场便构成了矿业权流转的二级市场。[②]

矿业权出让是矿业权进入市场流转的第一步,从而使得矿业权具备商品或资产的属性,形成矿业权流转的一级市场;矿业权人之间的矿业权转让为二级市场,当然也包括矿业权人依法将矿业权作为资产进行出租、抵押、融资等行为。通过矿业权的一级出让市场和二级转让市场的结合,才真正体现了在市场经济条件下矿业权作为一种资产(或财产)的市场属性。[③] 因为矿业权流

---

① 王利明:《民法》,中国人民大学出版社 2000 年版,第 46～47 页。

② 张彬:《我国矿业权制度现状及存在问题分析》,载《当代经济》2007 年第 12 期(上)。

③ 伍昌弟、贾志强:《关于矿业权流转的必要性、条件、方式及存在问题的探讨》,载《四川地质学报》1998 年第 1 期。

转包括一级、二级两个市场,所以矿业权流转的法律制度也应该是对一级市场和二级市场的调整,只有这样才是完整的矿业权流转法律制度。[①]

(二)矿业权流转的特征

基于矿产资源的有限性、不可再生性、战略性等特点,矿业权流转与其他权利的流转相比,又有其特有的特征。

1. 矿业权流转过程中主体的特定性

矿业权虽为民事权利的一种,却不完全遵循民事主体平等享有原则,某些矿业权仅允许归特定的人享有。

按照《矿产资源法》的规定,成为矿业权主体必须具备相应的资质条件。《矿产资源法实施细则》第 11 条至第 14 条分别对国有矿山企业、集体矿山企业、私营企业及个体采矿者的资质要求作出不同的规定。其中,有些资质条件是任何矿业权主体均须具备的,如开采范围与其开采能力、矿山服务年限相适应;保障安全生产能力;环境保护、防治污染的能力等。

出于对部分矿种特殊战略意义或经济意义的考虑,其矿业权仅允许归特定的人享有。

2. 矿业权流转的有偿性

矿业权流转的有偿性,是指矿业权人依法向矿产资源所有权人或者其他矿业权人支付取得矿业权的费用,以及依法向矿产资源所有者支付因勘查、开采及占有矿产资源的费用。

3. 矿业权流转的期限性

通过出让、转让取得的矿业权是有一定期限的,在其存续期届满时矿业权又归于消灭。在矿业权出让阶段,矿业权期限因矿业权的类型不同有所差异。一般矿种的探矿权有效期最长为 3 年;勘查石油、天然气的,探矿权有效期最长为 7 年;根据需要,探矿权人可以申请延长探矿权的期限,但每次延续时间不得超过 2 年。[②] 而采矿权依据矿山建设规模,大型以上的矿山,采矿权有效

---

① 蒋承落:《矿产资源管理导论》,地质出版社 2001 年,第 105 页。

② 《矿产资源勘查区块登记管理办法》第 10 条。

期最长为 30 年;中型的,采矿权有效期最长为 20 年;小型的,采矿权有效期最长为 10 年。在矿业权转让阶段,矿业权的存续期限为原探矿权、采矿权有效期减去已经进行勘查、采矿年限的剩余期限。[①]

4. 矿业权流转的要式性

矿业权流转的要式性,是指必须在法律规定的条件和程序下出让和转让矿业权。一方面,在出让阶段,探矿权申请人申请探矿权时必须向登记管理机关提交如下文件:申请登记书和申请的区块范围图,勘查单位的资格证书复印件,勘查工作计划、勘查合同或者委托勘查的证明文件,勘查实施方案及附件,勘查项目资金来源证明等。按照申请在先的原则,登记管理机关在收到探矿权申请之日起 40 日内,必须作出准予登记或者不予登记的决定,并向探矿权申请人发出通知。采矿权申请人申请采矿权时必须向登记机关提交申请登记书和矿区范围图、采矿权申请人资质条件的证明、矿产资源开发利用方案、设立矿山企业的批准文件和环境影响评价报告等文件。登记机关在收到矿业权申请之日起 40 日内,作出准予登记或者不予登记的决定,并通知矿业权申请人。

另一方面,在转让阶段,探矿权人或者采矿权人在申请转让探矿权或者采矿权时,应当向审批管理机关提交下列材料:(1)转让申请书;(2)转让人与受让人签订的转让合同;(3)受让人资质条件的证明文件;(4)转让人具备转让条件的证明;(5)矿产资源勘查或者开采情况的报告;(6)审批管理机关要求提交的其他有关资料。国有矿山企业转让采矿权时,还应当提交有关主管部门同意转让采矿权的批准文件。

5. 矿业权流转的限制性

我国对矿业权的转让设置了一定的限制条件。探矿权转让须满足探矿权人自颁发勘查许可证之日起满 2 年,或在勘查作业区内发现可供进一步勘查或开采的矿产资源之后,完成规定的最低勘查投入,缴纳国家规定的探矿权使用费、探矿权价款,并且探矿权属没有争议的条件。采矿权转让必须满足采矿生产满 1 年,已经缴纳国家规定的采矿权使用费、采矿权价款、矿产资源补偿费和资源税,并且采矿权属没有争议的条件。国有矿山企业在申请转让采矿

[①] 《矿产资源开采登记管理办法》第 7 条。

前,还应当征得矿山企业主管部门的同意。同时,禁止将探矿权、采矿权倒卖牟利。

五、矿业权权利限制

矿业权作为一项物权,具有物权的一般效力,包括支配效力、排他效力、优先效力和物上请求权的效力,物权效力所及得以对抗一切其他非权利人。矿业权人行使自己的矿业权是自由的,他人(包括国家的各级行政机关)不得干涉。由于个人本位向社会本位的转变,从强调私人财产权的绝对性,转而强调私人财产权的社会性,私人财产权受到越来越多的限制。这些限制既有来源于各级公权力机关,为了公共利益的需要而为的限制,也有私权主体,基于行使自己私权的便利而对私人财产权所为的限制。

一方面,由于矿业权的行使必然会对矿山周围的地质、环境产生影响,所以其要受到环境保护这一公共利益的限制;矿业权的行使方式是勘查与开采矿产资源,行使方式是一项高度危险行为,需要受到有关安全保护方面的公法限制;在现代资源越来越匮乏、紧张的社会,各国都加强了对资源的保护与合理开发利用,纷纷制订了本国的能源战略计划,所以矿业权人行使矿业权时也会受到国家能源战略计划的限制。另一方面,在其他私权利对矿业权的限制方面,由于矿业权的行使必然要涉及他人的土地权利的行使、地上权利的行使等,为了协调各私权利之间的冲突,矿业权也不可避免地受到一些限制。

(一)矿业权的公法限制

我国的矿业权法律制度中一个很重要的特点就是受公法的限制较多,行政机关不仅决定着权利的取得、变更、消灭,即使在矿业权人行使权利过程中也处处受到公法的限制。包括开采技术、开采进度、废矿回收等等都要受到公法限制。严格来说我国的矿业权法,实质上是矿业权管理法。

矿业权的公法限制包括很多方面,可以有不同的分类,如从时间阶段上来分,有权利的取得上的限制、行使上的限制、变更上的限制等(该部分在上文中已有所提及);从限制的原因上来分,有基于环境保护原区、基于安全生产原因、基于国家能源战略政策原因等。笔者主要从限制的原因角度来展开本节。

1. 环境利益对矿业权的限制

环境保护对矿业权的限制,就是指矿业权的取得、行使、消灭等方面的自由与效力要受到环境保护目标的制约。这是由于矿业权的行使对环境产生的重要影响决定的,自从《斯德哥尔摩人类环境宣言》中宣告"人类有权在一种能够过尊严的和福利的生活环境中,享有自由、平等和充足的生活条件的基本权利,并且负有保证和改善这一代和世世代代的环境的庄严责任"开始,环境权便正式登上舞台。环境保护对矿业权的限制也可以看成是矿业权与环境权之间的冲突与协调的结果。自从环境权理论出现以后,民事权利就不断地受到环境权的限制。"环境权理论、可持续发展观对民法传统的价值观念、调整对象、民事主体范围、民事权利体系造成了巨大的冲击。"[1]"对自然资源的利用不仅仅是权利人个人的事,而且是影响整个生态环境乃至全人类利益的事。因此,对自然资源的利用必须强化禁止权利滥用原则。"[2]

2. 矿业权取得时受环保利益的限制

矿业权人在取得矿业权时需要履行一定的环境保护义务,否则不能取得矿业权。严格矿山开发的准入制度。为保证矿山建设、开发与矿山环境保护协调发展,实行了办理采矿许可证时,要提交经矿权主管部门审查批准的《矿山地质环境恢复治理方案》。

现行的矿业权取得时的环保利用限制有:第一,矿山地质环境治理恢复保证金制度。该制度是指为保证矿山企业在采矿过程中闭坑或者停办,以及关闭时做好矿山地质灾害和生态环境治理恢复工作而缴存的抵押金。保证金实行一次性缴存和年度缴存制度。采矿许可证有效期在 3 年以下(含 3 年)的,一次性全额缴存保证金;采矿许可证有效期超过 3 年的,按年度分期缴存。保证金遵循"企业所有、政府监管、专户储存、专款专用"的原则。第二,环境评价和规划制度。该制度是指要调查论证该矿业项目生产后可能给项目所在地及毗邻地区的环境带来的影响,提出预防治理的措施。矿山环境影响评价报告必须经具备评价资质的单位审查批准,才能立项建设;经国土资源行政主管部

---

① 周珂、张璐:《民法与环境法的理念碰撞与融和》,载《政法论丛》2008 年第 1 期。

② 马俊驹、舒广:《环境问题对民法的冲击与 21 世纪民法的回应》,载《资讯动态》2002 年第 4 期。

门审核符合要求,才能申请办理采矿许可证;对老污染源本着"谁污染谁治理,谁开发谁保护"的原则,促进矿山企业从"源头"开始,重视环境保护和治理,正确处理合理开发利用矿产资源与保护矿山环境的关系;矿山环境影响评价遵循以防为主;防止污染和其他灾害的措施与主体工程同时设计、同时施工、同时投产。第三,矿山地质环境保护与治理恢复方案编制与审查制度。该制度规定了所有矿山必须开展方案的编制工作,新建矿山在申请采矿权时必须提交有批准权的国土资源行政主管部门批准的方案。

3. 矿业权行使过程中受环保利益的限制

矿业权人在取得矿业权后,行使矿业权过程中还需要受到环保利益的限制。主要包括:第一,矿山地质环境监测制度。根据国土资源部《矿山地质环境保护规定》的规定,"县级以上国土资源行政主管部门应当建立本行政区域内的开始地质环境监测工作体系,健全监测网络,对矿山地质环境进行动态监测,指导、监督采矿权人开展矿山地质环境监测",采矿权人应当开展监测工作,并定期向所在地的县级国土资源行政主管部门提交监测资料,报告矿山地质环境情况。各级国土资源行政主管部门负责本行政区域的矿山地质环境调查评价工作,并据此编制矿山地质环境保护规划。矿山地质环境保护规划应当符合矿产资源规划,同时,要符合土地利用总体规划,也要与地质灾害防治规划等相协调。采矿权人应当严格执行经批准的矿山地质环境保护与治理恢复方案。矿山地质环境保护与治理恢复工程的设计和施工,应当与矿产资源开采活动同步进行。

第二,矿山环境监督、检查制度。矿产资源开发利用过程中的每一个环节都要采取措施防治与保护环境。在矿业权人行使自己的矿业权的过程中,随时都要接受有关部门的环境保护检查。对不当行使矿业权,造成环境破坏的,要予以纠正,否则可能限制矿业权人权利的行使。监督、检查制度具体包括矿山环境影响评价报告制度、矿地复垦制度、监督检查制度和履约保证金制度等矿山环境保护的各个方面。

第三,权利行使的技术保障制度。矿业权的行使是一项专业性的活动,需要很高的技术手段,而这些技术手段中,就有符合环境保护的要求。一般矿山产生的"三废"排放都要符合国家的有关规定、标准和要求。

4. 矿业权消灭时受环保利益的限制。

矿业权消灭时的环保利益限制主要指生态环境恢复治理制度。是指通过塌陷区治理、土地复垦、造林绿化加快植被恢复,遏制生态破坏趋势;采取各种综合性的治理措施,使矿山的生态环境质量得到恢复的制度。生态恢复制度既是政府的事,也是矿业权人的一项义务。根据《矿产资源法实施细则》规定,采矿权人在采矿许可证有效期满或者在有效期内,停办矿山而矿产资源尚未采完的,必须完成水土保持、土地复垦和环境保护工作,或者缴清土地复垦和环境保护的有关费用。采矿权人停办矿山的申请,须经原批准开办矿山的主管部门批准、原颁发采矿许可证的机关验收合格后,方可办理有关证、照注销手续。在矿山关闭前,矿业权人需要向有关部门提交报告,完成各项环境保护费用交纳、措施工作。根据《山西省煤炭开采生态环境恢复治理实施方案》的规定:"退役煤炭企业必须提交生态环境恢复治理评估报告书,经环保辛示政主管部门验收合格后,方可办理有关手续。"

5. 安全利益对矿业权的限制

在矿产资源开发利用过程中,安全问题一直是各个国家和社会大众关注的重点问题之一,各国都非常注重矿产资源开发利用中的安全保障,纷纷出台了很多限制矿业权的规定。这些规定一方面保障了矿山的安全生产和职工的人身安全,另一方面也对矿业权人的权利进行了很多的限制。安全法规对矿业权的限制上,主要包括下列几个方面:

第一,矿业权的取得上受到的安全利益限制。安全利益对矿业权取得上的限制主要表现在四个方面。

首先,就是取得各种许可证。包括安全生产许可证、矿长资格证、特种人员资格证等许可证。根据《安全生产许可证条例》(2004年)的规定,无论何种方式取得矿业权,都必须要取得安全生产许可证,矿山企业未取得安全生产许可证的,不得从事生产活动。而要取得安全生产许可证,矿山企业必须安排适当的资金,用于改善安全设施,更新安全技术装备、器材、仪器、仪表以及其他安全生产投入,以保证企业达到法律、法规、标准规定的安全生产条件。具体来说矿业权人需要满足:安全投入符合安全生产要求、从业人员经安全生产教育和培训合格、依法进行安全评价等多达十三条具体要求。此外,负责管理矿山企业的矿长和主管安全、生产、技术工作的副矿长需要取得矿长资格证,特种作业人员需经培训、考试等合格并取得操作资格证书。

其次,设计规划需符合安全生产要求。在矿业权人申请矿业权、开办矿山企业的时候,需要提交矿山设计规划,其中矿山安全设计规划是其重要内容。安全设计规划一般包括:防火工程,通风工程,隔离、个体防护、能量缓冲装置工程,逃逸、避难和救援工程等。否则不得从事矿业开采。

再次,需要满足安全生产的技术条件。根据有关法律法规的规定,矿业权申请人必须满足一定的资质条件,这些资质条件有很多,比如资金、技术等,其中安全保障条件也是主要资质条件之一。安全保障资质条件有从业人员方面的资质,如矿长需要取得许可证;也有针对设备、设施的技术条件的,比如各种爆破品、开采设备等需要满足国家的技术等级要求。

最后,缴纳安全生产费。根据财政部、安监总局联合发布的《高危行业企业安全生产费用财务管理暂行办法》的规定,矿山开采企业需要缴纳安全生产费,按开采吨位提取,足月缴纳。此外,根据《企业安全生产风险抵押金管理暂行办法》的规定,矿山企业还需要提取企业安全生产风险抵押金,为企业所有、专户存储。

第二,矿业权的行使上受到的安全利益限制。矿业权人取得矿业权后,在权利的行使过程中仍需要受到诸多的安全保障利益的限制。主要体现在下列几个方面:

首先,矿业权人行使矿业权需要遵循安全操作规程。针对矿业权行使的特殊性,国家对矿业权人行使其权利作了诸多的限制,限制的主要手段就是制定了很多的行使时的操作规程。如《特种作业人员安全操作规》《通风设施工操作规程》《煤气保护电炉操作工安全操作规程》《电力牵引操作规程》等,可以说各种安全操作规程涉及采矿工作的方方面面,具体到矿山开采的每一个环节。探矿、采矿、选矿等都是矿业权人行使矿业权的具体表现形式,对探矿、采矿、选矿等方面的限制也就构成了对矿业权人行使权利的限制。

其次,矿业权行使过程中要随时接受安全方面的检查。矿业权人在矿业权的取得过程中,制定和实施了多方面的矿山安全制度、投入了大量的资金与技术保障矿山的安全。但这些都还只是矿业领域准入时的公法限制,在矿业权的行使过程中还需要监督、检查这些规章制度、安全技术、设施等是否真正发挥作用。此时就必须随时要对矿业权的行使过程进行监督、检查。在矿业权的行使过程中,随着采掘的不断深入,矿业权的行使场所不断发生变化,各种不安全的因素增多,要确保矿业权行使的每一步都符合安全生产的要求,就必须不断加强安全方面的检查。安全检查的内容有：针对各类人员的安全意识的检查，安全法律法规落实情况的检查，场所与设备的检查以及技术操作方式的检查。安全意识主要检查各类工作人员是否重视矿山安全意识，是否将安全放在矿业权行使过程中的首位；安全法规方面主要检查各类安全法规是否备齐、放在醒目位置，实践中是否严格遵守等；场所与设备检查主要检查是否存在安全隐患，设备是否符合安全生产的标准等；技术与操作方式主要检查开采技术是否符合安全技术规范要求，操作方式是否得当等。具体的检查方式上有定期检查、不定期检查、日常检查、专业检查等。一般采用汇报会、现场勘察、座谈会、调查会、个别访谈、查阅资料等多种方式。总之，在矿业权的行使过程中要随时接受各级安全主管机构的检查，随时受到限制。

再次，特殊情况下，为了安全利益可以剥夺矿业权。根据《生产安全事故报告和调查处理条例》（国务院令 493 号）的规定，在发生安全事故后，事故发生单位对事故发生负有责任的，由有关部门依法暂扣或者吊销其有关证照；对事故发生单位负有事故责任的有关人员，依法暂停或者撤销其与安全生产有关的执业资格、岗位证书。而无论是吊销企业证照还是从业人员的证照，矿山企业都无法再行使其矿业权。为了安全利益限制矿业权的例子有很多，如为了安全利益国家发改委通知山西、内蒙古、河南、陕西等重点产煤省区要坚决淘汰落后小煤矿；山西煤改主要原因之一就是为了安全利益；各地只要发生大的安全事故，全国可能都要关闭、关停一批矿山企业。这些都反映了安全利益对矿业权的限制。

最后，矿业权转让上受安全利益的限制。根据我国法律法规的规定，矿业权转让中，受让人必须也要具备相应的资质条件。资质条件中，能够安全从事矿业开发利益的资质条件是，重点之一。这就需要受让人具备安全生产许可证、矿长资格证等安全方面的证件，也要具备各种安全生产条件与技术。即受让主体是受到安全利益限制的，矿业权人的自由转让权利也就受到相应的限制。

第三，矿业权消灭上受到的安全利益限制。矿业权的消灭不像其他财产权利的消灭那样自由，矿业权人不得随意抛弃矿业权，矿业权到期后，矿业权也不是简单地就能消灭。在矿业权的消灭上要受到很多安全利益上的限制。根据《矿产资源法》的规定，关闭矿山，必须提出矿山闭坑报告及有关采掘工程、安全隐患、土地复垦利用、环境保护的资料，并按照国家规定报请审查批准；《矿产资源法实施细则》规定，勘查作业完毕，及时封、填探矿作业遗留的井、硐或者采取其他措施,消除安全隐患;采矿权人在采矿许可证有效期满或者在有效期内,停办矿山而矿产资源尚未采完的,必须编制矿山开采现状报告及实测图件,按照原设计实际完成相应的有关劳动安全的有关费用,采矿权人停办矿山的申请,须经原批准开办矿山的主管部门批准、原颁发采矿许可证的机关验收合格后,方可办理有关证、照注销手续。根据《关于尾矿库闭库安全验收工作的通知》规定,企业尾矿库闭库前必须向有关部门提出闭库申请,进行尾矿库闭库设计并制定闭库施工方案;《尾矿库闭库安全监督管理规定》规定,尾矿库闭库应当符合国家有关法律、法规、标准和技术规范,尾矿库闭库工作包括闭库前的安全评价、闭库设计与施工、闭库安全验收。企业应当根据尾矿库设计资料,在尾矿库闭库前1年,委托具有相应资质的评价机构进行尾矿库安全评价。

6. 能源战略利益对矿业权的限制

矿业权是矿产资源开发利用之权,其取得、行使直接涉及矿产资源这一国家重要能源的分配与利用,进而关系到国家的能源安全战略;矿业权法律制度,是国家能源安全战略的一个重要组成部分,好的矿业权法律制度能够实现国家的能源安全战略,反之,不合理的矿业权法律制度设置,也会妨碍国家的能源安全战略。因此,矿业权法律制度必须受到国家能源安全战略政策的制约。

现行我国能源安全战略中,对矿业权的限制主要表现在以下几个方面:

第一,矿业权的取得上。在矿业权的取得上很多情况下需要受到能源安全战略的限制。首先,在矿业权的取得主体上,根据《矿产资源法》以及其配套的几个行政法规,在矿业权的主体上对待外国主体,我国是给予国民待遇的,很多矿业权还是鼓励外国主体申请的。但是在涉及国家能源安全上的一些矿产资源矿业权的授予,仍限制外国主体。经国务院批准,国家发展改革委、商务部联合发布了2007年版新的《外商投资产业指导目录》,我国稀缺或不可再生的重要矿产资源,不再鼓励外商投资。一些不可再生的重要矿产资源不再允许外商投资勘查开采。新《目录》在继续执行禁止外商投资稀土勘查、开采、选矿和放射性矿产的勘查、开采、选矿的同时,将旧《目录》中钨、钼、锡、锑、萤石勘查、开采等项目也增入禁止目录,充分反映出国家对资源性产业安全的重视。此外在我国个人一般只能开采零星分散的矿产资源、用作普通建筑材料和砂、石、粘土矿产等,其中也有为了能源控制与安全的需要。

其次,在矿业权的审批机构上,为了能源安全,国家一般都将重要的能源矿产、特种矿产的审批权收归中央。根据《矿产资源勘查区块登记管理办法》的规定,煤、铬、稀土、石油、钴、磷、油页岩、铁等几十种矿产资源的勘探需要由自然资源部来审批;根据《矿产资源开采登记管理办法》的规定,上述矿产资源的开采也需要由自然资源部来审批。根据自然资源部《关于进一步规范探矿权管理有关问题的通知》(国土资发〔2009〕200号)申请新立、延续、合并、分立探矿权,变更勘查矿种,编制勘查实施方案,必须符合矿产资源规划,符合国家产业政策。由于铀矿属于战略性矿产,有保密性管理规定,目前铀矿探矿权市场尚未完全开放,主要由国家进行投资勘查,因此对铀矿勘查、开采实行严格的控制管理制度。

再次,对某些能源矿产,由于其关乎国家能源安全,国家在其申请方面有严格限制。根据《矿产资源法》第17条的规定:"国家对国家规划矿区、对国民经济具有重要价值的矿区和国家规定实行保护性开采的特定矿种,实行有计划的开采。"《矿产资源开采登记管理办法》的规定,申请开采国家规划矿区或者对国民经济具有重要价值的矿区内的矿产资源和国家实行保护性开采的特定矿种的,还应当提交国务院有关主管部门的批准文件。擅自进入国家规划矿区和对国民经济具有重要价值的矿区范围采矿的,擅自开采国家规定实行保护性开采的特定矿种的,由登记管理机关依照有关法律、行政法规的规定予以处罚。此后自然资源部颁布了《保护性开采的特定矿种勘查开采管理暂行办法》,根据国家能源安全战略的调整,对特殊矿种的矿业权申请与设置进行规范。1991年,国务院根据当时矿产资源供需形势、市场变化等情况,分别将钨、锡、锑、离子型稀土确定为保护性开采的特定矿种。进一步规范了钨、锡、锑和稀土的探矿权、采矿权发证权限。2007年将新设钨、稀土探矿权、采矿权发证权限上收到自然资源部统一办理。2009年规定,2010年6月30日前,除国务院批准的重点项目和使用中央地质勘查基金或省级地质专项资金开展的普查和必要的详查项目,可以设置钨、锑和稀土矿探矿权外,全国暂停受理钨、锑和稀土矿探矿权和采矿权申请。

第二,在矿业权的行使上。行使矿业权的过程中,国家为了能源安全需要,对矿业权既有很多鼓励,也有很多的限制。如为了增加能源供给,对开采边远贫困地区的矿产资源的、开采国家紧缺的矿种的,可以申请免缴采矿权使用费和采矿权价款。而对于某些关乎国家能源安全的矿产资源的行使又有很多限制。典型的如"限制稀土出口"事件,2010年10月我国限制稀土出口,引起来日本、欧盟、美国等的强烈关注,其原因就是为了国家的能源安全战略,而对矿业权人的自由交易权利进行限制。

为了能源安全,我国提出了节约能源的战略政策,在 20 世纪 80 年代初提出了"开发与节约并重,把节约放在首位"的能源总方针。根据此能源战略方针,矿业权人在行使矿业权时,必须要节约资源,采用最节约资源的开采技术。

(二)矿业权的私法限制

矿业权的私法限制主要是因为矿业权与其他私权利之间发生交叉与冲突,为了平衡这种交叉与冲突,需要对各私权利都进行限制,以使各私权利之间并行不悖、自由行使。私权利之间相互限制,给彼此预留空间,是整个社会权利有序运行的基本保证。矿产资源开发利用,离不开土地的使用,就会与土地权利人发生权利冲突;土地上附着林地、承包地等权利的,矿业权就会与林权、承包权发生权利冲突;矿业权的客体都是有一定范围的,特别是采矿权,采矿权的客体更是特定的矿产品,此时就可能与同一区域的其他矿产品的矿业权人发生权利冲突。因此,矿业权在行驶过程中会与很多私权利发生交叉与冲突,法律不能仅保护矿业权的效力,而忽视其他私权利的效力,只能平衡保护,只能对矿业权进行适当的限制。

1. 土地使用权对矿业权的限制

矿业活动必须在一定的土地上进行,根据《矿产资源法实施细则》,探矿权人的权利中有:根据工程需要临时使用土地的权利;采矿权人的权利中有:根据生产建设的需要依法取得土地使用权的权利。矿业用地除了勘查、开采需要外,尾矿、废矿、矿区道路、矿场等都需要占用大量的土地。这就造成了矿业权与土地使用权的激烈冲突,为了保障土地使用人的权利,世界各国都对矿业权进行了诸多限制。

(1)矿业权取得上的限制

各国为了土地使用权人的利益,在矿业权的取得上就开始对矿业权进行限制。有的直接规定某些土地不得从事矿业活动,包括地质调查、矿产勘探或开采。例如《日本矿业法》规定:"如公害等调整委员会认为,在某些地区开采某些矿物,对一般的公益事业或农业、林业或其他产业是不适合的,由可就该指定的矿物,划出禁止设立矿业权的区域即禁止采矿区,此时,该区域不得作为该矿物的矿区。"

　　除了上述矿业权设定的区域范围受土地权利限制意外,普通的允许设定矿业权的区域,设定矿业权时仍然要受到土地权利人的限制。根据我国《矿产资源法》《土地管理法》等法律法规的规定,矿业权人必须要取得矿区的土地使用权,矿业权人的土地使用权因探矿权与采矿权的不同,受到的限制也不同。在探矿权场合,探矿权用地一般采用临时用地的方式,根据《土地管理法》57条的规定,地质勘查需要临时使用国有土地或者农民集体所有的土地的,由县级以上人民政府土地行政主管部门批准。此时探矿权受到土地权利人四方面的限制:第一,若临时用地在城市规划区内的,需要先经有关城市规划行政主管部门同意;第二,临时用地属于集体组织的,探矿权人需要与农村集体经济组织、村民委员会签订临时使用土地合同,并按照合同的约定支付临时使用土地补偿费;第三,在临时用地上,要按照临时使用土地合同约定的用途使用土地,并不得修建永久性建筑物;第四,临时用地有时间限制,一般不超过 2 年,且临时用地期满之日,矿业权人还负有恢复的义务,在一年内需恢复种植条件。在采矿权场合。根据我国《土地管理法》《矿产资源法细则》《土地管理法实施条例》等法律法规的规定,采矿用地适用建设用地的管理。矿业权人必须以出让等有偿使用方式获得矿业用地使用权。即如果矿业用地属国有土地,则依法以出让等有偿使用方式获得国有土地的使用权;如果矿业用地属农民集体所有土地,则经国家征地后再以出让等有偿使用方式获得农民集体所有土地的使用权。有偿意味着矿业权人取得矿业权需要经过土地权利人的同意,并合理补偿土地权利人的损失,否则不能取得矿业权。

　　(2)矿业权行使上受到的土地权利限制

　　矿业权的行使需要使用土地,矿业权人可以通过出让、租赁、作价入股等有偿方式取得土地使用权,此时矿业权人在行驶矿业权时必须遵守与原土地权利人的土地使用协议,缴纳各种款项、费用,合理使用土地。

　　矿业权与矿区范围外的相连的土地权利人之间适用相邻关系的处理原则,矿业权行使权利需要受到相邻关系的限制。例如,相邻通行关系、相邻施工关系、相邻管线设置关系、相邻用水关系、相邻排水关系、相邻环保关系等,适用相邻关系的规则处理。[①]

　　因此,《矿产资源法》修改稿中规定:"采矿权人因铺设或高架管线、索道等

---

　　① 　陈丽萍、孙春强:《国外矿业权交易相关制度简述》,载《国土资源情报》2010 年 5 月 20 日。

设施,可以通过他人土地之上空或地下。但应选择损害较小之处所或方式进行,并给予合理补偿。矿业用地相邻各方应按照有利生产、方便生活、公平合理的原则处理相邻关系。给相邻方造成妨碍或者损失的,应当停止侵害,排除妨碍,赔偿损失。"

在矿业权与土地权利的排他性上,由于我国《物权法》第123条规定了矿业权的"用益物权"属性,从权利冲突与协调的理论来看,土地使用权与矿业权都是用益物权,二者之间不存在谁优先谁的问题,不存在某一权利排斥另一权利的问题,二者之间的优先性可以按照"在先权利优于后权利"规则确定。若其他存在于土地上的用益物权成立在先,则其可以排斥矿业权的设立与行使。

矿业权人在行使矿业权过程中,造成土地权利人损害的,或因行使矿业权造成土地毁损、地上附着物、青苗损失的,应当参照征地补偿标准给予补偿。此外,矿业权行使过程中,其使用土地权利可能随时面临被撤销的限制。矿业权的行使造成土地面貌改变的,还需要按照法律要求复垦,采矿权人依法取得土地使用权的,应向国家缴纳土地复垦保证金。采矿权人未能依照合同履行复垦义务的,土地复垦保证金不予退还。临时使用他人土地的,使用完毕后,探矿权人应恢复土地原状,交还土地权利人;若不能恢复原状的,应按土地的损坏程度,给予土地权利人合理补偿。临时使用耕地的,应当在使用完毕后尽快恢复耕种条件。

2. 矿业权之间的限制

矿业权的私权限制中,还包括其他矿业权人的矿业权对矿业权的限制。探矿权与探矿权之间、采矿权与采矿权之间都可能发生冲突。根据我国相关法律法规规定,探矿权人之间对勘查范围发生争议时,由当事人协商解决;协商不成的,由勘查作业区所在地的省、自治区、直辖市人民政府地质矿产主管部门裁决;跨省、自治区、直辖市的勘查范围争议,当事人协商不成的,由有关省、自治区、直辖市人民政府协商解决;协商不成的,由国务院地质矿产主管部门裁决。采矿权之间发生冲突时也需要彼此限制,采矿权的冲突常常是由于矿区范围不明导致的,对于采矿权的矿区范围冲突,由当事人协商解决;协商不成的,由矿产资源所在地的县级以上地方人民政府根据依法核定的矿区范围处理;跨省、自治区、直辖市的矿区范围争议,当事人协商不成的,由有关省、自治区、直辖市人民政府协商解决;协商不成的,由国务院地质矿产主管部门提出处理意见,报国务院决定。

矿业权是限制性转让而非自由流通。《矿产资源法》《探矿权采矿权转让管理办法》对矿业权的转让规定了一系列的法定条件,如对于探矿权人完成规定的最低勘查投入的规定;矿山企业投入采矿生产必须满1年的规定等。

六、矿业权担保融资

(一)矿业融资的特点

所谓融资是指货币的借贷和资金的有偿筹集活动,矿业权融资是指自然人、法人和其他社会组织利用依法享有的矿业权,通过依法交易和自己开发筹集资金的活动,一般情况下,主要是指矿业企业在矿产勘查、开采生产过程中主动进行的资金筹集和资金运用行为。

由于矿业活动自身的特点,不同的勘探开发阶段风险和收益各不相同,融资方式与取得资金的来源也有所不同。处于前期勘查探矿阶段的企业风险相对较高,融资最大的特点是融资风险高,资金需求量小,成功时收益回报率高,可选择的融资方式相对少;而采矿阶段的企业融资特点是资金需求大,风险程度较低,资金回报率有所下降,可选择融资的方式相对较多。矿山投产进入经营期,是矿业开发的一个新阶段,这个阶段的资金需求主要是运营资金以及偿还债务。

表 4-1 不同阶段的矿业融资

工作阶段	普查与详查阶段	勘探可行性研究阶段	矿山设计与建设阶段	矿山开采与运行阶段	矿山经营阶段	矿产品深加工阶段
风险性	非常高	非常高	高	较高	正常	正常

(二)中国矿业融资渠道

1. 信贷融资及采矿权抵押

矿业公司以其资产和矿权抵押向银行或其他非金融机构借款,本利偿还给资方后,解除抵押。采用这种方式最大的好处就是不影响公司的控制权,股权不用分给别人,利息还可以从应税收入中扣减,实际上由银行承担了大部分风险。但是这种方式也有很大的缺陷,银行的审查标准非常严格,贷款难度大,常要求以矿业权或其他资产担保,这样很可能使得公司经营受限制。目前矿业企业向银行大额借款比较常见的融资工具为短期融资券和中期票据。

在实践操作当中,采矿权抵押存在一些潜在及现实风险。抵押采矿权的价值往往存在较大的不确定性,具体原因有二:一是矿产资源具有流动性以及不可再生性,矿产资源数量和经济价值随着不断开采将随之缩减乃至最终消失,由此势必导致无法准确界定采矿权的价值;二是由于采矿权的价值在很大程度上依赖于对矿体的信息获知情况,而矿床开采的技术特性和经济特性与其他一般资产不同,其价值评估理论和方法存在与具体应用相结合且须不断完善和改进等问题;同时,受托评估机构是否严格执行《矿业权评估指南》、其资信程度以及评估的独立性亦将对采矿权价值的确定产生较大影响。鉴此,发生采矿权评估不当进而导致财产价值失真的可能性相当大,抵押采矿权的价值面临无法准确计量的现实难题。[①]

因此尽管依据我国现行法律法规,理论上而言探矿权、采矿权作为财产权可依法抵押。然而目前在我国银行业的实际操作中,很多银行对采矿权抵押并不是太认可,矿业项目要从银行得到贷款相对较困难。

2. 股权融资

股权融资是指矿业公司通过增发股份的方式融资。股权融资包括通过公开发行股票和通过私募的方式增加资本借以融资。股权融资的优势主要在于矿业公司股本返还甚至股息支出压力小,不用负担巨额利息支出,增强了公司抗风险的能力。若能吸引拥有特定资源的战略投资者,还可通过利用战略投资者的管理优势、市场渠道优势、政府关系优势以及技术优势产生协同效应,迅速壮大自身实力。但是股权融资最大的风险就在于股份稀释可能失去公司的控制权,甚至老股东和新股东在矿山经营上会有重大分歧,从而对公司的发展产生很多障碍。

(1)公司公开发行股票并上市

矿产企业要想从公开资本市场,即证券市场融资,必须通过改制上市实现资产重组、转换机制、结构调整、建立现代企业制度。上市不但使矿业企业实

[①] 郭锡昆:《采矿权抵押融资的可行性分析及其风险防范》,载《深圳金融》2009年第8期。

现融资,还可形成新理念和新机制,有利于企业实现跨区域发展和跨国经营。矿业公司上市后,通常会在外部的严格监督下,努力提高公司管理水平、加强内部管理,注重科学决策,保持利润稳定增长,进而步入可持续发展的良性轨道。上市公司的最大优势在于它获得了通过其股票价格变动反映公司业绩和前景的市场评价机制,比一般企业有更广泛的社会知名度,因而能更大规模地筹集资金,使公司快速成长。通过公司上市发行股票进行融资有助于促进资产重组,优化资源配置,可提升中国矿业企业的整体素质,提高其在国际市场上的竞争力,资源协调利用的总体发展战略。

然而目前对于我国矿业企业而言,发行股票的条件较高,只适合于大型地质勘查公司和矿山企业。中小型的矿业企业通过公开发行股票的方式获得融资的可能性不大。

（2）私募股权基金

矿业开发是一种高风险行业,一般意义上的金融制度很难适应,传统的商业银行需要企业具有稳定的现金流,或者要用现有的资产来做抵押担保,通过发行企业债券或者公开发行股票方式去募集一个新开发的矿产项目资金也不够现实。而把私募股权融资的方式引入到矿业行业中来,以此解决我国矿业企业融资问题,对于我国矿产勘探企业、采掘业企业和矿产品加工企业来说,无疑是一个适当的选择。私募股权融资方式在发达国家已经有了几十年的发展,其基金规模一点不亚于公开市场,甚至和银行、公募的融资额平分秋色,而我国目前的私募股权融资仅占全部融资额的 3% 左右。

成熟的矿业资本市场,能够支持处在不同开发阶段的矿业企业的融资需要。因此在银行和上市证券融资等方式能够被采用之前,不同类型的私募股权基金(包括风险投资、成长资本、过桥资本等)是矿业融资的核心组成部分,可以保障这个阶段矿业企业的资金需求。此外,私募股权基金(包括收购基金、PIPE 等)还可以在行业的重组、升级、整合中发挥很大作用。把私募股权投资引入矿业行业可以改善矿业行业的公司治理结构,提高公司治理效果,有利于矿业行业的健康发展。

近几年,我国的私募股权融资已经逐渐形成了星星之火可以燎原之势。中国首家非上市矿业企业股权交易平台的诞生,目的是培育一批生产型矿业企业在这里挂牌交易,待时机成熟后筛选出一批有潜力的风险勘查和开发企业在此挂牌,然后进入更高层次的资本市场上市。探索和构建一个适合中国非上市矿业企业融资交易的矿业资本基础平台,可以说为广大矿业企业融资开辟了一条新途径。[①]

3. 信托融资

信托资金可以以股权的形式进行参与,运用方式比较灵活,对项目的抵押物要求相比于银行也没有那么严格。信托模式证券化是不涉及原矿业权所有人信用状况的筹资方式。具体方法是:委托人(发起人)将经处置后的证券化矿业权资产设定为信托财产,将信托财产的所有权转移给受托人(信托机构),经过资信评级和增级后,向投资者发行有较高投资级别的、可流通的证券筹集资金。再将所筹资金委托一家企业负责矿业权的运营管理工作,所得利润扣除各种费用及佣金后,全部由债券的持有人分享。

信托机构在矿业权证券化模式中发挥着重要的核心作用,它做的工作对矿业权证券是否成功发行极为关键。其最重要的业务部门应包括项目管理部、证券设计发行部、资金财务部。项目管理部按照证券发行部提出的矿业权信托标准,从发起人处取得矿业权信托权,并将信托财产(矿业权)委托给矿业企业进行运营开发,同时收集有关信息。证券发行部负责将矿业权加以组合和配以信用提升,对证券的发行进行设计,并委托承销商发行证券并向投资者披露有关信息。资金财务部负责资金的运营,包括向矿业企业注入资金、回收利润、向发起人支付回报、向投资者支付本息。

4. 项目融资

项目融资是以特定项目的资产、预期收益或权益作为抵押而取得的一种无追索权或有限追索权的融资或贷款。项目融资始于 20 世纪 30 年代美国油田开发项目,后来逐渐扩大范围,广泛应用于石油、天然气、煤炭、铜、铝等矿产资源的开发。项目融资作为国际大型矿业开发项目的一种重要融资方式,是以项目本身良好的经营状况和项目建成、投入使用后的现金流量作为还款保证来融资的。它不需要以投资者的信用或有形资产作为担保,也不需要政府部门的还款承诺,贷款的发放对象是专门为项目融资和经营而成立的项目公司。但是就目前而言,我国的采矿企业融资采用项目融资方式的很少。

[①] 天津股权交易所矿业交易中心网站,http://www.qedu.cn/zhuanti/tjs.

5. 债券融资

由当地政府或其授权机构以当地可供勘查开采、可以转让的矿业权为抵押,向投资者发行债券,筹得有指定用途的资金。发行的债券根据偿付担保的不同分为一般债务债券(以政府的一般征税权力为担保,由政府税收来偿还)和收入债券(以政府的事业单位收入为担保,由事业单位收入来偿还)。债券模式有其灵活性,可分期推出债券,运作过程由政府提供担保,不需要信用增级。但是在我国这种模式只能由政府或其授权机关进行操作,实施范围具有一定的限度。

6. 融资租赁

矿山建设过程中,矿山企业需要采购大型设备资产但又缺乏资金时,还可以采用融资租赁的方式来进行融资。就是委托有资金的专业融资租赁公司采购矿业公司本身需要的矿山设备,设备所有权融资租赁公司,然后由融资租赁公司出租给矿山企业使用,当然租赁费用可能会比较高一些,但是租赁期满双方可以约定由矿山企业享有设备的所有权。这种方式在我国矿产企业中也不多见。

七、矿业权权利消灭

矿业权灭失又称矿业权丧失、矿业权终止。包括因矿业权人所拥有的矿业权期限届满并不再延续;完成了勘查工作,将探矿权注销而申请取得采矿权;矿业权人因故放弃矿业权;矿业权人因违法行为引起的终止其矿业权人权利。矿业权终止包括矿业权注销、撤销、吊销。矿业权注销是指在正常情况下矿业权期限届满,完成勘查工作,矿山开采闭坑或停办时的强制申请注销矿业权;矿业权撤销是指在矿业权人提前完成勘查、开采工作或提前取消有关矿业权人权利和义务而主动申请注销矿业权;矿业权的吊销是指矿业权人违反了矿产资源勘查、开采的有关规定,由有关行政机关强制取消矿业权,作为对矿业权人的一种行政处罚。被吊销矿业权的,在法律规定的期限内不得再申请该区块范围或新的矿业权。

第三节　矿业权的法律属性及权能

一、矿业权定性的学术争论

矿业权自形成以来就是财产权领域夹杂着公权力的因素,因而对其性质的讨论无论是在学界还是在实务界都从未停止过,也从未统一过,因此,笔者就学界目前主要的几种观点进行阐述。

(一)债权说

有学者认为,矿业权是一种基于和国家签订的矿产资源勘探、开发合同而取得的债权。[①] 在 1986 年制定《民法通则》和《矿产资源法》时,我国学术界几乎没有对物权展开研究。可见,债权说是局限于当时的学术背景而产生的学说,其忽略了矿业权的物权属性,不利于保护矿业权人的利益,因而随着物权理论的发展,该学说已被废弃。

(二)用益物权说

将矿业权定位为用益物权是比较传统的观点。用益物权是因所有人意志或法律规定的某种原因形成的对他人之物的一定期间的占有、使用和收益权利。[②] 在用益物权设定之后,物之所有人并没有将其所有权的处分权能转移给用益物权人[③],这是因为用益物权设定的目的是取得物的使用价值,而非价值。在矿业权层面上,矿产资源的使用价值就在于其被开发而转变为矿产品,其是一种消耗物,一般认为在消耗物上是不能成立用益物权的,因此采矿权不是用益物权。在探矿权的情况下,权利人行为的目的正是探明其行为客体的使用价值的有无和大小,为将来的采矿行为作准备。其收益的方式是在满足法律规定的条件下取得采矿权,在探矿阶段并没有利用矿产资源的使用价值

---

① 崔建远:《准物权研究》,法律出版社 2003 年版,第 232 页。
② 高圣平:《土地使用权和用益物权》,法律出版社 2001 年版,第 64 页。
③ 王利明:《物权法研究》,中国人民大学出版社 2002 年版,第 412 页。

来获得收益。其收益的方式与用益物权相比有较大的差别,也很难归入用益物权的范畴。

"用益物权说"着眼于矿业权与国家资源所有权之间的关系,着重于说明采矿权的他物权性质和其应受到国家的资源所有权的制约。我国《物权法》第123条将探矿权和采矿权一并纳入了用益物权的范畴是值得商榷的,用益物权作为他物权区别于自物权的重要特征是用益物权人仅享有占有、使用、收益的权利,而不能对物进行处分,用益物权消灭后标的物以原状返回到所有权人处。[①] 但由于矿产资源的耗竭性,其不能满足用益物权的构成要件,存在理论上的硬伤,因此,笔者不同意该种定性。

(三)特别物权说

按照所依据的法律为标准,有学者将物权分为普通物权和特别物权。"普通物权,是由民法典规定的物权,因此又称为民法上的物权。特别物权,又称准物权,是指由特别法规定的具有物权性质的财产权。"[②]依据该分类,矿业权是特别物权。作为一种学理上的研究,笔者认为,特别物权和普通物权的分类是有意义的。特别物权的提法主要强调了矿业权的出处,并且按照特别法优先于一般法的原则,对于在特别法上规定的物权,当然应该优先使用特别法,在特别法中没有规定的情况下,则可准用物权法中的一般原则。但毕竟特别物权说没有概括出矿业权的特征与本质,如果以此说为基础来进行制度构建,并没有什么指导意义。因此,笔者认为,矿业权可以体现特别物权的部分特征,但不能以此来对其进行定性从而应用于实践。

(四)特许物权说

特许物权是指通过行政特别许可而产生的物权。王利明先生曾主持编写的《物权法草案建议稿》(第3章)第374条、第376条将矿业权规定在了"特许物权"一节。[③] 这是因为依照我国《行政许可法》的规定,矿业权是通过一个排他性的行政许可而获得的。"特许物权说"从矿业权与行政权力的紧密联系出发来进行定位,揭示了矿业权的一个重要特点。与一般的民事权利相比较,矿

---

① 屈茂辉:《用益物权制度研究》,中国方正出版社2005年版,第12页。

② 陈华彬:《物权法》,法律出版社2004年版,第87页。

③ 王利明:《中国物权法草案建议稿及说明》,中国法制出版社2001年版,第90页。

业权的取得、转让、实现、发生纠纷的处理等各方面都受到了行政权力的制约和干预,和公权力存在千丝万缕的联系。从这个角度出发,将矿业权定性为特许物权,有相当的合理性,其优点在于有利于行政管理,并且在这种定性的立法体例下,更强调矿业权的社会义务。但一定程度上容易让人产生矿业权为公权的思考,是否应采取此种定性值得思考。

(五)准物权说

准物权是与传统物权相对比所得出的概念。对于准物权的定义究竟为何,理论上尚未统一说法。以"准"字作为标志的法律概念与原概念之间的关系,一般认为有三种:一是共性大于个性,法律效果基本相同;二是本质虽不同,但法律效果大多准用;三是个性大于共性,法律效果也不同。[①] 准物权和物权的关系,是共性大于个性的关系。"准物权,是指某性质和要件类似于物权、准用物权法规定的财产权。"[②]也就是说,凡是完全符合物权的构成要件,但又不能被纳入传统的物权法领域的权利,均可被纳入准物权的范畴。依此判断,矿业权即属于准物权。准物权说是日本民法和我国民国时期民法的通说,并为现代我国台湾地区"民法"理论所继承。我国台湾地区"矿业法"第 11条规定,"矿业权视为物权,除本法有特别规定外,准用关于不动产诸法律之规定"。我国台湾地区的物权法著述常将准物权表述为"特别法上的物权类型",[③]即特别法所规定的具有物权性质的财产权。应该说,准物权的概念首先说明了矿业权与传统物权之间存在不同,同时强调了矿业权是一种物权具有物权效力,可以准用物权法上关于物权的一般规定,具有一定的合理性和科学性,但其将矿业权限定在民法私法领域范围内,存在一定的局限性。

(六)探采合一说

以国际地质科学联合会主席张宏仁教授为代表的一些专家认为应将探矿权和采矿权统一起来,"谁在登记的区块内依法找到矿产地,谁就享有该矿产地的开采权"。采取完全的"探采合一"制度的代表国家是印度尼西亚,印度尼西亚矿产标准工作合同第 2 条"公司的指定及公司的责任"第 1 款规定:"公司

---

① 崔建远:《准物权研究》,法律出版社 2003 年版,第 20～23 页。
② 张俊浩:《民法学原理》(上册),中国政法大学出版社 2000 年版,第 397 页。
③ 王泽鉴:《民法物权》(第 1 册),中国政法大学出版社 2001 年版,第 50 页。

被印尼政府指定为合同区唯一的合同人。公司享有在合同区内勘探矿产的合法权利,享有对采矿区内所发现的矿床进行开采的权利,享有以任何方式加工、储存和运输矿石的权利,享有在印尼境内外销售和处分在采矿和加工中所获产品的权利。根据协议,公司可以从事与其相关的各种施工活动……"

将探矿权和采矿权统一起来,可以比较好地解决探矿权的风险问题。探矿是一种风险很大的活动,即使是在地质调查的基础之上,探不到矿的可能性依然是很大的,而进行探矿活动又必须要投入相当大的人力、物力。在这种情况下,为什么探矿权人还愿意申请取得探矿权,并交纳相关的费用? 这是因为法律对其设立了相应的制度保障。在"探采合一"的情况下,只要探到了矿,就可以获得相应的采矿权,而采矿是一种高收益的活动。因此,一旦探到了矿,矿业权人就可以通过采矿收回投资并实现利润,申请获得探矿权,也就成了一种风险投资。而"探采合一"制度,对此种风险投资的保护,无疑最为有利。

"探采合一"制度最有利于保护探矿权人的权益,有利于调动矿业权人的积极性,但其也存在两个明显的弊端。

其一是探矿活动结束,也找到了相应的矿产,但是因为公共利益的原因,不能允许其进行开采。对此,印度尼西亚矿产标准工作合同第 8 条第 2 款规定了一个"公共利益保留"的条款。[①]

另一项更为重要的弊端在于探矿和采矿虽然都是一种高技术含量的工作,但其对技术的要求是不一样的。在探矿过程中特别是其中的普查阶段,地质工作者将起到更为重要的作用,与采矿阶段相比对资金的要求较小,地质学家的经验往往是探矿权主体实力的最重要因素。而进行采矿活动则需要更多的资金和技术支持,需要对权利人设定更高的资质条件。这样,进行"探采合一",无形中就提高了探矿权领域的准入条件。目前,我国现实的矿情是勘查任务重,且资金投入严重不足,因此需要大力推行探矿权的市场化,鼓励社会资金进入地质勘查领域,有条件的鼓励外资进入中国探矿。在这样的现实国情条件下,实行完全的"探采合一"制度是不可行的。而且我国已实行了多年

---

① 《印度尼西亚矿产标准工作合同》第 8 条"可行性研究期"第 2 款规定:"一旦公司向政府递交了书面申请,公司将开始可行性研究工作,以便确定矿业开发的商业价值。政府允许公司在 12 个月内完成这一工作,以便公司确定要进行开发的地区。……但是,部长可能在公司提出采矿地区的 3 个月内,根据第 16 条第 2 款,以国家安全的理由,或以采矿秩序将被打乱、破坏环境、扰乱当地社会稳定等理由,否定公司在选定的地区开矿。这时政府和公司将一起协商解决此类争端……"

的探采分立制度,这种历史性的影响也是必须考虑的。

二、矿业权的权能

按照大陆法系的物权体系,物权可以分为自物权和他物权,其中自物权即所有权,包括占有、使用、收益、处分四种积极权能。他物权可以被分成用益物权和担保物权,其都由所有权中让渡的一部分权能所形成。其中,用益物权人享有对用益物占有、使用、收益的权利;担保物权人享有附有条件的处分权,并可能享有占有权。矿产资源归国家所有,矿业权产生于国家所有权之上,也是由其中分离若干权能所形成的权利。但矿业权从所有权中所分离的权能类型和传统物权相比具有自身的特色。

由于我国的矿产资源在法律上属国家所有,而要充分实现矿产资源的经济效益,就只能在此基础上来实现矿产资源的占有、使用、收益以及处分,这样就产生了我国的矿业权法律制度。宪法要符合宪政的要求,就应该对国家的权力作出合理的安排和有效的规制,即"制约公权";同时,还须为社会和社会成员的权利提供充分的确认和有效的保障,即"保护私权"。宪法如同一个社会的"政治契约",构筑了调整这个社会中公权之间、私权之间以及公权和私权之间关系的最基本的框架。矿业权作为一项私权,应当受到有关民法规范的调整,为了保障矿业权充分有效的行使,以最大限度地实现经济利益,在确有必要时允许行政权的适当干预,并结合宪政体制下宪法突出强调公民的权利和自由这一宗旨。在朝着宪政国家的方向迈进的过程中,就《矿产资源法》而言,自然应当改变现行法律的立法切入点,将矿业权真正地当作民事财产权利予以保护,让目前的矿业权主体产生自律的激励机制,而不再单纯依赖行政管制。只有在法律层面上吻合了宪法的这一主旨,实现矿产资源社会效用最大化的难题才能迎刃而解。

(一)矿业权的占有权能

所谓占有权能,是指特定的所有人对标的物(所有物)予以管理的事实,换言之,占有为所有权制度事实权能。[①]占有是所有权的基本权能,通常是所有权其他权能得以实现的前提。占有所强调的是一种直接的控制,是一种事实。

---

① 陈华彬:《物权法》,法律出版社 2004 年版,第 191 页。

在一定的条件下,占有权能可以与所有权相分离,非所有人可依法享有占有权,所有人不得随意请求返还原物。在占有物被他人非法侵害时,占有人可基于其占有的事实对不法侵害人进行抗辩。对于工作区、矿区的地下土壤、岩层和赋存于其中的矿产资源进行管理和控制,是矿业权人进行勘探和开采工作的前提条件,矿业权人当然享有。

(二)矿业权的使用权能

使用权能,是指依所有物的性能或用途,在不毁损所有物本体或更其性质的情形下对物加以利用,从而满足生产和生活需要的权能。[①] 民法上的物都是有使用价值和价值的物,使用权能即利用物的有用性满足人的需要,曾被认为是所有权四项积极权能中最为重要的一个。由于社会生活中普遍存在使用他人之物的需要和现实的可操作性,使也可以与所有权相分离,如用益物权即是针对使用和收益所创设的他物权。

一般认为,矿业权是享有使用权能的,但矿业权人对矿产资源的使用比较特殊。在探矿权中,对矿产资源进行勘探是一种使用,其目的是为以后的开采活动打基础,且不会对其客体的本体造成损害。其享有使用权能,当无争议。但此种使用不是对客体使用价值的利用。而采矿权的情况则相反,其是对矿产资源的使用价值进行利用,但矿产资源具有耗竭性,此种使用实际上使矿产资源的本体被消灭,转为了矿产品。对于这样一种使用,实际上是一种处分,而不是通常意义上所讲的"不毁损原物"的使用。

(三)矿业权的收益权能

所谓收益权能,是指收取所有物的天然孳息和法定孳息。[②] 其中,对天然孳息的收取是一种事实的收益,如采摘植物所结出的果实。对法定孳息的收取是一种法律上的收益,如将物品出租,收取租金。随着所有权从归属到利用的发展演化,收益权已经取代使用权而成为所有权各权能中最重要的一个,其也可以与所有权相分离。

依照《矿产资源法实施细则》第16条的规定,探矿权人是通过"优先取得勘查作业区新发现矿种的探矿权和优先取得勘查作业区内矿产资源的采矿

---

① 陈华彬:《物权法》,法律出版社2004年版,第192页。
② 王泽鉴:《民法物权(通则,所有权)》,中国政法大学出版社2001年版,第154页。

权"的方式来收益的。笔者认为,只是一个并不明确的优先权不足以保护探矿权人的利益,而应采取"无相反规定当取得采矿权"的立法模式。但无论如何,这种收益是一个权利的取得,而不是传统的对孳息这种现实物质利益的获得。而且在因为探矿权人无法满足资质条件等情况下不能获得采矿权时,给地勘成果一个类似于知识产权的保护,使探矿权人可以得到相应的物质利益,也很难被归入孳息的收取这样一种收益的方式之中。换言之,探矿权人依法享有收益的权利,但其收益的方式与传统的用益物权并不相同,具有其自身的特殊性。

对于采矿权而言,其是通过取得矿产品的所有权并将其出售的方式来获得收益的。与此同时,采矿权人以计价的方式交纳资源补偿费,国家所有权也借此得以实现。这类似于"所有人与经营人订立合同,在让与资产占有权、使用权、处分权的同时,让与部分受益权,保留部分受益权,从而与经营人按一定比例分享资产的利益"[①]的收益权能分离方式,唯一不同的是矿业权人不是经营人。显然,采矿权人享有收益权。

(四)矿业权的处分权能

处分权能是所有权内容的核心。"处分一语,在私法上亦用于种种之意义。有指事实的处分而言者,谓变更或消灭物,例如刈取禾麦,变森林为平原,烧毁房屋。有指法律的处分而言者,谓变更、限制或消灭对于物之权利,例如让与其物或于物上设定权利或抛弃其物所有权。"[②]处分权能包括事实上的处分和法律上的处分,事实上的处分行为并不一定构成这里所分析的"事实上的处分",如为了建造房屋而在建设用地上建地基,是一种有处分性质的行为,但不构成这里所分析的事实上的处分。是否构成事实上的处分,以是否对原物造成实质性的影响为限。

矿业权人并不能对矿产资源进行买卖或设定抵押权等行为,其内容不包括法律上的处分。但对于事实上的处分需要区别研究。探矿权的内容包括了勘探性的开采,其是探矿进行到勘探阶段后的一种必要手段,目的是检验矿产资源的品位等。这种事实上的处分行为对矿产资源整体影响很小,笔者认为,并未达到事实上的处分的程度。因此,探矿权中并不包括处分权能。

---

① 陈华彬:《物权法》,法律出版社 2004 年版,第 193 页。
② 史尚宽:《物权法》,中国政法大学出版社 2000 年版,第 63 页。

　　采矿权的主要内容即对矿产资源进行开采,如上文所分析的"使用"时所提及的,是一种耗竭性的使用行为,在开采结束之后矿产资源也归于消灭,是一种事实上的处分。并且由于客体的消灭,国家对于矿产资源的所有权也归于消灭了。因此,采矿权人享有事实上的处分权能。

　　由此可见,探矿权人享有占有、使用和一种特殊的收益权能,采矿权人则享有占有权能、收益权能和事实上的处分权能。矿业权虽然在一定程度上体现他物权特质,但其与传统的用益物权和担保物权相比都有比较严重的差异,很难被归入其中的任何一类。

第五章

东盟国家、美国与我国矿产资源法之比较

第一节　东盟国家矿产资源法之比较

　　东盟国家的矿产资源法对矿产资源所有权、矿产资源的类型、范围或土地所有权等方面进行了界定,矿产资源由中央政府管理或由地方政府管理,为了对矿产资源进行管理及与外国投资企业进行合作,各国的矿产资源法律法规还对许可证和矿业权的授予、矿产资源税费制度、矿产资源安全管理生产管理制度、矿产资源环境法律规制、矿产资源监督管理体制等方面进行了较为详细的规定,为矿产资源的勘探、开采、管理等方面提供了法律保障。虽然各国矿产资源法存在差异,但由于矿产行业的共性及其特殊性,加之近些年来矿产的立法理念趋于统一,使得差异甚多的矿产资源法律制度的背后存在一些共性。

一、共性

(一)矿产所有权均为国家或全民所有

虽然东盟各国的政治体系、法律制度存在较大的差异,但东盟国家的矿产资源法基本都规定矿产资源属于国家或全民所有,如《越南矿产法》规定"位于越南社会主义共和国国土、岛屿、内陆水域、海域、专属经济区和大陆架内的矿产资源,均为全体国民所有,由国家统一管理"[①],《菲律宾矿业法》规定"所有位于国家和专属经济区内的公共和私人土地上的矿产资源均为国家所有"[②]。唯一较为特殊的可能是马来西亚,马来西亚的矿产资源归各州所有,各州拥有对在自己土地上开采矿产的批准和发证权,但其在批准前须与国家矿产资源部、环境保护部及其他相关部门协商一致,由此看来仍受中央政府的限制。

(二)土地所有权和矿产权分离

通常情况下,东盟国家土地所有权与矿产资源所有权是分离的,土地所有权人不拥有矿产权,而矿产权人需要向土地所有人租赁矿业用地,并承担损害赔偿的责任,如《泰国矿产法》规定土地所有者不拥有地下矿产,"勘探许可证持证人必须为被授予地区预先支付地表租费"[③]。

(三)加大环境的保护力度

如今环境问题作为全球关注的焦点之一,东盟各国也越来越重视环境保护,有些国家在矿产资源法中规定了环境保护的相应条款。如环境保护是泰国政府关注的首要问题,在发放采矿许可证的时候首先要考虑到环境因素,必须确保矿业开发对环境的影响在可控范围内,勘查和采矿许可证的持有者在开展工作前,必须得到有关环境部门的许可。在越南申请矿产权时,在环境影响评估报告、矿产开采、加工可行性研究报告或矿产勘查提案中,必须明确保护、恢复生态环境和土地复垦的费用。获准从事矿产开采的组织、个人,必须

---

① 《越南矿产法》第1条。
② 《菲律宾矿业法》第2条。
③ 《泰国矿产法》第26条。

在越南一个银行或获准在越南开办的外国银行存入一笔用于恢复生态环境和土地复垦的保证金等等。

(四)外资政策逐渐宽松

随着全球经济一体化的进程的加快,东盟国家外资政策逐渐宽松,大多从税收、简化程序等方面,为外资提供一系列的优惠政策。如公司的组织形式大多数允许独资、合资或合作的方式进行,外资股权的限制也渐渐放宽,但个别国家还是有限制措施,如泰国规定外资在五年内降为 49 %以下。为了促进本国公民就业,大多数东盟国家都不允许自由雇佣外国劳工。[①]

二、差异

由于各国的法律体系、政治体制和法律传统等方面的差异,导致各国的矿产资源法律制度仍存在一定的差异。

(一)矿产权

矿产权的种类和名称存在区别,根据不同的矿产活动阶段、不同的规模甚至不同的矿种,设有不同的许可证或合同。如对固体矿产而言,矿产权一般可以分为两类,即探矿权和采矿权,但不同的国家在探矿权和采矿权上存在诸多的区别。

1.探矿权

第一,探矿权的类型。在探矿权方面,有些国家对其又做了进一步的细分,泰国把探矿权细分为一般勘探许可证、排他性勘探许可证和特别勘探许可证,不同级别的勘探许可证签发的部门级别、许可证的有限期及许可证的范围也存在不同。而其他部分国家,如老挝和缅甸却将探矿权分为勘查(普查)许可证和勘探许可证。

第二,探矿权的期限及转让。不同国家赋予探矿权的期限(包括展期)也存在区别,如越南为 24 个月,可延长 24 个月;印度尼西亚更为具体,根据矿种的不同赋予不同的期限且时间较长,如金属矿最长期限为 8 年,非金属矿为 3

---

① 　方敏、李洪嫔:《东盟国家矿产资源管理政策分析》,载《中国矿业》2011 年第 5 期刊。

年,特定种类的非金属矿为 7 年等;缅甸的探矿权期限为 3 年,可延长 1 年;菲律宾的探矿权为 2 年,可延长 2 年;而文莱更为灵活,探矿权的期限可由议长以个案的形式逐一评定。

通常情况下,探矿权均可以转让,如《越南矿产法》规定探矿权可向其他组织或个人转让矿产,若勘探人为个人,勘探权还可以依法继承等等。但有些国家也有特殊的规定,如泰国规定勘查许可证不允许转让,印度尼西亚规定探矿权只能转让股份等。

第三,探矿权权利人类型。大多数东盟国家将探矿权赋予具有条件的法人和自然人,且允许国外的法人和个人获得探矿权,如《越南矿产法》规定外国组织或个人也可以依法取得矿产勘探许可证,行使矿产的勘探权利。菲律宾则较为严格,外国个人无权取得探矿权,其允许任何有资质的菲律宾公民或菲方控股公司(菲方股份占 60%以上)或外资占 100%股份的公司在规定时间内进行矿产勘探活动。

2.采矿权

第一,采矿权的类型。根据矿产规模的大小,获得采矿权的许可证也存在不同,部分国家据此将许可证进行区分,如缅甸将采矿许可证分为大型矿产开采许可证和小型矿产开采许可证,印度尼西亚分为普通矿业许可证、民间矿业许可证和特别矿业许可证,且不同的许可证赋予的采矿权也有所区别;根据采矿活动进度,有的国家如泰国还将采矿权分为临时性采矿许可证和采矿许可证;根据矿种的不同采矿权的取得也存在不同的类型,但进行这种区分的国家较少,如柬埔寨细分为宝石采矿许可证、矿产改造加工许可证等,印度尼西亚分为金属矿采矿许可证、非金属矿采矿许可证、特定非金属矿采矿许可证、石材矿采矿许可证;等等。

第二,采矿权的期限及转让。不同国家的采矿权期限也存在较大差异,如越南的采矿权期限不得超过 30 年,可申请延长 20 年;泰国的采矿权有效期为 25 年,可延长;缅甸的大型矿产开采许可证采矿权有效期不超过 25 年,而小型矿产开采许可证的有效期最长仅为 5 年,均可申请延长;老挝的有效期也为 20 年,但最多仅能延长 5 年等。

同探矿权相似,大多数情况下采矿可以转让,如越南规定采矿既可转让也可继承,菲律宾在事先经主席批准的情况下可以全部或部分转让或继承给适格主体,但主席应在 30 日内通知国会。但有些国家也进行了区分,如对老挝而言,从事采矿活动的人,经政府批准,采矿活动可以转让或继承,但作为职业的手工矿产开采人,有权将其作业移交给家庭成员,但不得转让给其他人;泰国的采矿许可证虽然可以转让和赠与,但对于临时采矿许可证,则不允许转让。

第三,采矿权的权利人类型。大部分国家均赋予国内外组织和个人于采矿权,但部分采矿权较为特别,仅赋予本国组织和个人,越南的完全回采许可证只颁发给越南团体或个人,并优先颁发给在发现矿产地区永久居住的团体或个人;印度尼西亚的民间矿业许可证优先颁发给当地的个人、社会团体、合作社;菲律宾对外资限制比较多,小型采矿完全不能让外资介入,中型采矿允许外资占40%以下的股份,而大面积的勘探开发则允许外资占股100%,但这一投资形式要求很高,必须与总统办公室签订融资和技术援助协议(FTAA),审批手续比较烦琐,所以至今获得 FTAA 的企业比较少。[①]

有趣的是,民族的不同在采矿权上存在区别对待,柬埔寨的手工采矿许可证只颁发给高棉人进行矿产资源的勘探和开发,并且要求此种勘探开发只能使用当地普遍易得的工具,亲力而为,或者在不超过 7 个人的情况下由家庭成员协助进行,这在其他国家很少遇到,较为特别。

此外,值得注意的是,部分国家采矿权并非以采矿许可证的形式赋予,比较明显的如文莱采用的是采矿租约(mining leases)和菲律宾的矿产协议但其实际上具备采矿许可证的法律效果,采矿租约的承租人在租约规定的时间内可以在指示的土地上进行采矿作业,但如无明显相悖内容条款存在的情况下,承租人在租约期内的任何时候不得连续超过 12 个月停止有效的采矿作业,且采矿租约可以转让。矿产协议下的承包商享有勘探、开发和开采的专有权。

(二)矿产税费制度

前文提到,东盟国家的矿产税费制度在矿产法律制度中规定的较为碎片化,很少以专章的形式纳入,且部分国家如《马来西亚矿产开发法》中并未规定矿产资源的税费内容,需要从其他税法中考察。但总的来看,各国矿业税费制度,基本上由两大部分构成:一部分是包括矿业在内的所有工业企业都适用的

---

① 中华人民共和国驻菲律宾共和国大使馆经济商务参赞处经济商务参赞吴政平在"2011 中国—东盟矿业合作论坛矿业投融资"论坛上的演讲,参见 http://www.camcf.org/detail.aspx? id=207.

普通税制,如所得税、增值税和预扣税等;另一部分是矿业特有税费制度,如权利金、资源税。[①] 各国普通税制相差很大,税目、税基、税率等也各不相同,但对于外资矿业企业都有相应的减免优惠。各国矿业特有税费主要是权利金及资源税,其权利金率(税率)根据矿种制定相应的征收比例。如越南规定:金属矿产税率为 2%～15%,非金属矿产为 1%～15%;泰国权利金率大多数矿产为 5%,金矿为 2.5%。各国征收方式也不尽相同,如印度尼西亚《矿产和煤炭矿业法》规定:金属和煤炭开采企业在生产开始后,应上缴 4% 的净利润给中央政府,6% 的净利润给地方政府。

第二节　中国与东盟国家及美国矿产资源法之比较

一、矿业权的取得

(一)中国矿业权的取得

中国矿业资源相关法律规定了矿产资源属于国家所有,国家所有的矿产资源需要一定的程序和条件,才能被社会主体开发利用,这就是矿业权的取得,矿业权原始取得程序和条件构成了矿业权的一级市场取得制度。

1. 矿业权的一级市场取得制度

一级市场取得制度设计的科学合理,能够有效防止国有资产的流失,促进矿产资源的有效利用。"矿业权人从国家手中取得矿业权后,可能再将其在市场上流转,他人可以在二级市场上取得矿业权,此即矿业权二级市场的取得制度。二级市场的取得制度的科学合理,能够有效促进矿业权流转、促进资源利用、增大社会财富。"因此,矿业权取得制度中,一级和二级市场的取得都非常重要。

所谓矿业权的一级市场取得制度,也称为矿业权的出让制度,即国家作为矿产资源的所有者,将矿产资源出让给其他社会主体所有或用益的制度,从

---

① 参见 43C. F. R. § 3501. 10 和 3507. 11"Preference Right Lease Applications"。

1986年我国颁布实施《矿产资源法》至今的二十余年间我国矿业权取得制度经历了从无偿行政授予到有偿行政授予为主、招标授予为辅,再到以招拍挂市场竞价有偿出让为主、协议有偿出让和申请在先、出让为辅三个阶段的变化。现在我国矿业权的一级市场取得方式是以招拍挂为主、协议出让和申请在先为辅的矿业权一级市场取得制度。

　　2. 矿业权的二级市场取得

　　矿业权的二级市场取得就是指通过买卖、合作、出资、承租等形式取得他人矿业权,二级市场的取得制度就是我国矿业权的流转制度。在后边笔者会详细介绍我国矿业权流转的相关规定。

　　中国的矿业权相对完善的一级市场取得方式和二级市场取得方式共同构建了矿业权取得的途径。在东盟国家,对于矿业权的所有权基本和中国规定相一致,越南、印度尼西亚、泰国、缅甸、老挝、柬埔寨和菲律宾的法律明确规定了矿产资源为国家所有。有一点区别的是马来西亚规定矿产资源归各州所有,而文莱虽然没有对矿产资源所有权的具体规定,从政府对矿产资源的管理可以看出矿产资源还是在政府的管理控制下。

(二)东盟各国矿业权的取得

　　在东盟各国对于矿业权的取得方式和中国的规定有异曲同工之处,总结来说就是要取得矿业权,通常有两种方式:

　　1. 采用通常渠道向政府主管部门直接提出申请,由主管部门授予许可证;一般国家对申请者有一定要求,包括资本的属性(内资、合资或外资)等。探矿权申请时通常需要递交包含申请地区的经纬度示意图、相关工作费用支出、申请者的技术力量和财政能力的证明以及下列内容的申请报告。采矿权申请时通常须提交包括以下内容的申请书:标明区域边界经纬度的示意图和说明,该区域不可超过进行开采作业合理需要面积的下限,或者申请人的勘探许可证届时所含地区的面积;一份调查报告;所要从事的作业计划,或与采矿租约有关的工作计划;以及申请者的技术和资金能力的证明书等。只要符合条件,就可在规定期限内授予许可证。有些国家并不是直接授予矿业权,而是以签订合同的方式授予矿业权。以老挝为例,其矿业权通常由投资者确定矿业权的申请范围,报送老挝政府主管研究批准后,还要经过老挝政府与投资者之间的直接谈判,以双方签订矿产勘查或开采合同的方式将矿业权授予投资者。

2.通过投标竞争(即竞争性出价)得到许可证。国家行政机构通过招标和拍卖,负责组织投标竞争性出价。中标者可获得矿产许可证。此外,投资者还可以通过从许可证持有者手中购买股份,或与许可证持有者共同注册新公司,间接获得矿业权。

(三)美国矿业权的取得

1.矿权界分(mining claims)

矿权界分(mining claims)也是一种较为常见的矿权取得的方式之一,一般主要适用于联邦公有土地(public domain)之上的金属矿产,或者称之为岩石类矿产(hardrocks)。"矿权租赁"的唯一法律依据就是 1872 年的《采矿法》。矿权界分区别于矿区租赁主要在适用的矿石类别以及土地类型上存在差异。

矿区界分权主要是指经过前期勘探之后发现有价矿产资源的,在其勘探地区设立明显矿区标记,并向土地管理部门 BLM 或农业部森林保护局 Forest Service 申请登记之后取得的一种权益。它是 1872 年《采矿法》基于先占原则(rule of occupation)而予以规定的一项联邦采矿的核心制度。获得 mining claim 必须要满足以下基本条件:

(1)该土地属于联邦可自由进入的土地。只有自由进入的联邦土地(public domain lands),才可以对土地范围内的矿产资源进行勘探,否则就要获得土地所有权人的同意。如需要进行勘探的土地属于私人所有,则需要通过与土地所有权人签订 mining lease 来获得勘查的权利。

(2)属于 1872 年《采矿法》规定的矿种范围。根据美国矿产资源的分类来看,主要适用于"可定位的矿产资源",如果是非金属矿产、液态或半固态矿产的,则不能采用 mining claims 的方式取得矿权。

(3)该土地是属于可以采矿而且未被他人占有的土地。

(4)已经发现有价值的矿产储量。在 *Cole v. Ralph* 案件中,法官认为:"矿区划界是矿权界分的一项行为,但是在没有发现矿产资源的情况下,不产生权利效力,矿区划界和发现有价值矿产资源是矿区界分的必要构成要件。"①

2.矿权租赁(mining lease)

主要主用于两种情形:

(1)特定矿种必须采取矿权租赁。根据《矿权租赁法》的规定,非金属矿产、液态矿产、半固态矿产以及部分固态矿产由于难以像 mining claims 那样通过 location 就可以区分所有权,所以采取矿权租赁,尤其特别适用于石油、天然气以及煤。

(2)岩石矿开采的也必须采取矿权租赁。根据联邦行政法规汇编第 43 篇第 3500 章"煤和油页岩之外的固体矿产租赁"(Leasing of Solid Minerals other than Coal and Oil Shale)的规定,如果要获得 mining lease,首先必须向土地管理局 BLM 申请取得勘查许可证(prospecting permit),在勘查许可证有效期限内如果发现有价值的矿产储量的(valuable deposits),则可以向 BLM 申请取得优先租赁权(preference right lease),从而享有在该租赁范围内开采矿产资源的权利②。因此 preference right lease 则相当于中国的采矿许可证,探矿权人可以优先取得其探矿区域内的采矿权,而不用通过招标拍卖挂牌等竞价交易。

在美国矿产资源法中,矿权租赁(mining lease)实际上既具有勘查许可证的功能,又具备采矿许可证的法律效果,即 mining lease 的承租人可以在承租范围内进行探矿,依法探明有价值储量的,则可以继续履行"矿权租赁合同",并向出租人缴纳租金和权益金。如果承租人没有探明有价值储量的,则可以按照合同约定终止合同。一般情况下,承租人担心探矿结果,所以在签订矿权租赁合同时,选择定金条款(option contract),即先支付一部分资金,剩余部分待探明储量后再支付,如果未探明储量的,则先支付的资金归属为出租人所有。对于这种合同,出租人一般会在签订合同时向承租人收取一笔签约费

---

① "Location is the act or series of acts whereby the boundaries of the claim are marked, etc, but it confers no right in the absence of discovery, both being essential to a valid calim."参见 *Cole v. Ralph*, 40 S. Ct. 321 (1920).

② 参见 43C. F. R. § 3501. 10 和 3507. 11"Preference Right Lease Applications".

(signing bonus)①。

二、矿业权权利内容

(一)中国矿业权权利内容

　　矿业权法律关系的内容是指矿业权人享有的权利和承担的义务。矿业权人的权利,理论界和实践中存在着公权与私权不分的混乱现象。在理论上,学者一般根据《矿产资源法实施细则》第 16 条的规定(这两条分别规定了探矿权人的权利和采矿权人的权利)将矿业权人的权利简单地归纳为:对特定的区域进行勘查的权利,在勘查作业区及相邻区域通行,按照采矿许可证规定的开采范围和期限从事开采活动等,如崔建元教授认为矿业权的权利内容包括:按照勘查许可证规定的区域、期限、工作对象进行勘查,根据工程需要临时使用土地;在勘查作业区及相邻区域通行等十项具体权利。就是对《矿产资源法实施细则》第 16 条规定的简单重复。这种做法,一方面不能反映出矿业权的物权性质,按照通说物权人的权利一般包括:占有、使用、收益和处分,采用的是一种高度概括式的权利内容表述,具有较强的包容性和解释力,才能全面地反映物权内容的全部,矿业权人的勘探、开采、通行等权利都没有超出物权人的占有、使用、收益和处分权利。以第 16 条规定的具体权利表现来概括矿业权的内容显然不够全面,不能反映矿业权作为物权的全部权利内容。另一方面,《矿产资源法实施细则》第 16 条的规定也将矿业权与从事矿业活动的权利相混淆,将需要国家审批与监管的市场准入权与作为财产权的私权利混淆。

　　综上,在概括矿业权人的权利时,不能简单罗列《矿产资源法实施细则》第 16 条的内容,而应根据物权内容的一般特性来归纳,否则不仅不能反映矿业权的真实内容,可能还会产生重大的错误。2000 年自然资源部颁布实施《矿业权出让转让管理暂行规定》其中第 3 条规定,探矿权、采矿权为财产权,统称为矿业权,适用于不动产法律法规的调整原则。矿业权人依法对其矿业权享有占有、使用、收益和处分权的权利。这是第一次在立法层面以物权的基本属性要求来定义矿业权的内容;2007 年《物权法》正式实施,其中将矿业权定性为用益物权,根据物权的基本理论笔者将矿业权的权利概括为:占有、使用、收

---

　　① http://geology.com/articles/mineral－rights.shtml.

益、处分特定区域矿产资源的积极权利和排除他人非法干涉的消极权利。

(二)东盟各国权利内容

东盟各国对于矿业权的权利内容方面和中国也基本一致,矿业权均具有占有、使用、收益、处分的权能,只是这些权能都要受到国家的管制。

(三)美国矿业权的内容

美国矿业权作为一项有价财产权,其权利内容除了财产权所具备的基本的占有、使用、收益、处分权利外,还主要包括以下内容:

1. 探明储量前的权利 prediscover rights

为了探明矿产资源储量,探矿人必须要使用土地。相应地,法院通过司法实践创设了一项原则,对于实际占有联邦公共土地并专注于勘查的探矿人给予法律保护。这种在探明储量之前的权利被称之为"pedis possessio",意指禁止任何通过强迫、欺诈或者隐秘的方式侵害探矿人对于土地实际占有的权利。但是如果某人通过探矿人的许可或者默许等和平的方式进入该土地范围,并一起探矿,进行矿权界分的,则 pedis possessio 的权利自动丧失。为了实际享有 pedis possessio 的权利,探矿人必须对可以自由出入的土地实施实际占有行为,并且以非常诚信的方式专注于探矿,进而产生了一种排他性的权利。[①]

2. 矿区采矿权(intraliminal rights)

从严格意义上来讲,探明储量前的权利仅是一种特定条件下排他性权利保护,但该项权利仅体现为"占有"权能,而不能体现为其他权能,因此该项权利不具有财产性利益,也无法转移,因为一旦转移占有,就意味着该项权利的丧失。因此,从所有权权能的财产性利益角度来看,真正能够构成财产性权利的采矿权当属依法取得矿权界分以后的权利,主要包括矿区采矿权和延伸采矿权。

矿区采矿权的英文原意应当为线内采矿权,即对属于划定矿区范围内的垂直上下特定矿产资源所享有的所有权,与线外采矿权(extralateral rights)

---

① Rocky Mountain Mineral Law Foundation，American Law of Mining，Second Edition，Matthew Bednder，August 1991，§ 30.05[4].

相对应。但是这项权利的行使也受制于联邦土地管理以及环境污染防治等方面的约束和限制①。1872 年《采矿法》第 3 条对此作了较为明确的规定,采矿人及其继承人、受让人在不违反联邦、州等法律规定前提下,有权对其矿区界限以内的地表以及垂直向下的所有矿脉、矿藏等享有占有权和收益权②。

3. 延伸采矿权(extralateral rights)

根据 1872 年《采矿法》的规定,采矿人除了享有矿区采矿权以外,还可以在特定条件下享有延伸采矿权。延伸采矿权的英文原意应当为矿区范围以外的权利,因此又称为线外采矿权。延伸采矿权主要指的是,如果特定矿脉的顶端位于采矿人的矿区范围以内的,且该矿脉与矿区范围的底线相互垂直,该矿脉向下延伸最后溢出矿区垂直向下的边线以外的部分,同样属于该采矿人所

---

① "Intriliminal rights extend by statute to both the surface and subsurface of a claim, but the exercise of these rights has been limited by federal multiple use and surface occupancy legislation."参见 Rocky Mountain Mineral Law Foundation, American Law of Mining, Second Edition, Matthew Bednder, August 1991, § 30. 05[6]。

② "That the locators of all mining locations heretofore made, or which shall hereafter be made, on any mineral vein, lode, or ledge, situated on the public domain, , where no adverse claim exists at the passage of this act, so long as they comply with the laws of the United States, and with State, territorial, and local regulations not in conflict with said laws of the United States governing their possessory title, shall have the exchange right of possession and enjoyment of all the surface included within the lines of their locations, and of all veins, lodes, and ledges throughout their entire depth……"参见 *General Mining Act of* 1872,section 3。

有①。一般岩石类的 mining claims 的矿区范围是以矿脉为中心线向两边拓展不超过 300 英尺,矿脉长度不超过 1500 英尺的范围。如下图所示,该矿区范围的中心线就是一条矿脉,与矿脉相垂直的是矿区范围的两条底线,该矿脉向下垂直延伸部分都属于矿区采矿权(intraliminal rights),而再往下,那条矿脉就延伸出矿区范围,该延伸部分就属于延伸采矿权(extralateral rights)。

　　获得延伸采矿权的前提条件主要就是:矿脉的顶端必须在矿区范围内,而且与底线相垂直,与边线相平行。如果不符合此项条件的,则不能视为延伸采矿权,以避免对他人所有的矿权相冲突。而且,实践中,延伸采矿权的纠纷层出不穷,过去主要诉诸法院,现在的多体现为私下协商解决。

　　需要特别指出的是,"延伸采矿权"与中国矿产资源法中采矿权人对相互毗邻区域"接续矿区"的开采权不太一样,不能予以等同。二者最大的差别在于,延伸采矿权不需要另行获得 mining claim,而中国对于接续矿区的开采虽然不需要进行招拍挂,但也必须申请获得采矿许可证或者变更采矿许可证后才可以开采。

---

　　①　参见 *General Mining Act of* 1872 第 3 条的规定,"That the locators of all mining locations heretofore...their heirs and assigns...shall have the exchange right of possession and enjoyment of...the top or apex of which lies inside of such surface-lines extended downward vertically,although such veins,lodes,or ledges may so far depart from a perpendicular in their course downward as to extend the vertical side-lines of said surface locations:*Provided*,That their right of possession to such outside parts of said veins or ledges shall be confined to such portions thereof as lie between vertical planes drawn downward as aforesaid the end-lines of their locations so continued in their own direction that such planes will intersect such parts of said veins or ledges:*And provide further*,That nothing in the section shall authorize the locator or possessor of a vein or lode which extends in its downward course beyond the vertical lines of his claim to enter the surface of a claim owned or possessed by another."

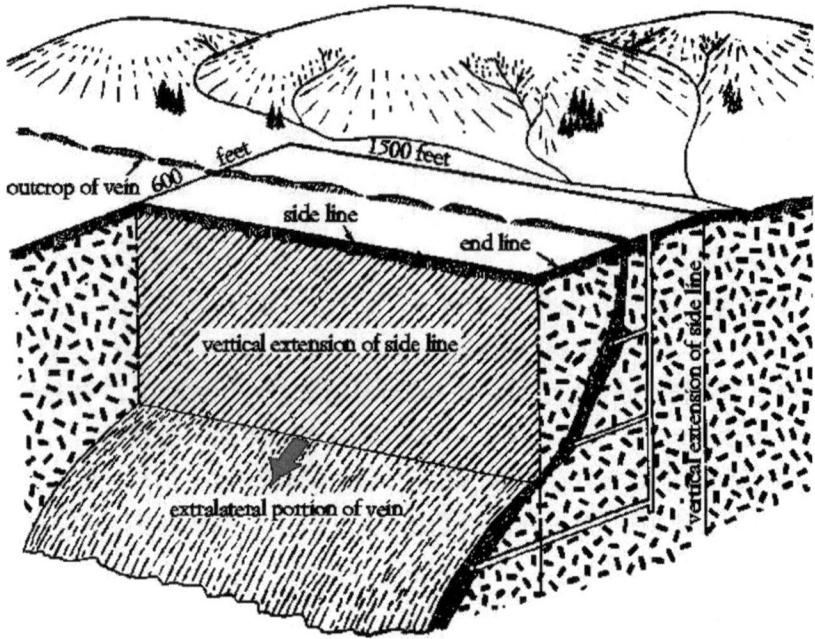

（此图片摘自于：http：//www. unalmed. edu. co/rrodriguez/geologia/anatomy－of
－a－mine/Anatomy％20of％20a％20Mine％20－－％20Mining％20Law％20－％
20Continued. htm）

三、矿业权权利流转

(一)中国矿业权权利流转

在中国,矿业权的权利流转即为矿业权的二级市场取得。也就是指通过
买卖、合作、出资、承租等形式取得他人矿业权。二级市场的取得制度就是我
国矿业权的流转制度。我国从 1986 年 的《矿产资源法》禁止矿业权的流转
到 1996 年有条件的允许矿业权的流转,再到 1998 年国务院颁布实施《探矿
权采矿权转让管理办法》对矿业权的转让条件等作了进一步的明细。2000
年,自然资源部颁布实施了《探矿权采矿权转让管理暂行规定》第一次明确规
定了矿业权是财产权,使用不动产法律规则。同时放宽了矿业权流转的方式
和条件,为我国的矿业权二级市场建设做出重要贡献。"随着我国《物权法》将

矿业权规定为用益物权,矿业权在二级市场的流转应完全地放开,以充分反映矿业权作为物权的收益、处分权能,充分反映矿业权的财产权性质,为建立有序、繁荣的矿业权二级市场奠定基础与创造条件。要在法律制度上进一步完善我国的矿业权二级市场。"

转让,即矿业权人将自己的矿业权转让给其他主体,通过转让协议并经过审批机关的审批后,依法将矿业权转让给他人,由他人来享有矿业权的权利义务。此外,根据《矿业权出让转让管理暂行规定》第 36 条的规定,矿业权的出租、抵押按照矿业权转让的条件和程序进行管理,由原发证机关审查批准;第 76 条规定:以赠予、继承、交换等方式转让矿业权的当事人应携带有关证明文件到登记管理机关办理变更登记手续,说明矿业权还可以通过出租、抵押、赠予、继承、交换等方式在二级市场上取得。

(二)东盟各国矿业权流转

印度尼西亚《新矿业法》规定:"探矿权和采矿权持有者不能转移其开采证;只有在进行某阶段勘探后,才可在印尼股市转让其所有权;转让须通知部长、省长或县市长并不能与法律法规相抵触。"

《越南矿产法》规定,探矿权可向其他组织或个人转让,若勘探人为个人,勘探权还可以依法继承。

文莱法律第 42 章矿业法部分规定了:"没有议长的书面批准,申请人不得按照其许可证拥有的利益赠予或分配给其他人。"

根据泰国《矿业法》的规定,当一个采矿许可证的任何持有人希望将他的采矿许可证转让给另一个人时,采矿许可证持有人及相应的受让人应该向地方矿产资源办公室提出申请,并由地方矿产办公室将此申请交给部长。当部长命令批准并且当采矿许可证持有人解除了按本法对地方矿产资源办公室所负有的所有债务时,则采矿许可证可以转让。泰国《矿业法》第 81 条:"在采矿许可证持有人死亡时,他的继承人应该在采矿许可证持有人死亡之日起计的 90 日内向地方矿产资源官员申请通过继承转让采矿许可证,否则就应该认为此采矿许可证在 90 日期限后自动到期终止。通过继承转让采矿许可证不需交纳采矿权转让费。当采矿许可证持有人的继承人在第 1 款规定的时间内申请通过继承转让采矿许可证时,此继承人可以继续采矿,享有采矿许可证中的权利和义务。但是,如果部长认为此继承人不应该收到该采矿许可证的转让,部长可以命令不准转让;在这种情况下应该认为此采矿许可证在地方矿产资源办公室收到这一命令时到期终止。"

柬埔寨《矿山和矿产法》第 18 条规定:"除手工采矿许可证以外,依本法授权发放的许可证,由持有人向部长正式提出要求,可以修改、更新、放弃、转让、赠与或继承;期限和条件由附属条例规定。"

菲律宾《矿业法》中规定了对矿业产品在经有关管理部门同意的情况下可以进行转让。

缅甸、马来西亚相关法律没有矿业权流转的具体规定。

综上可知,通常情况下,矿业权均可以转让,但有些国家也有特殊的规定,如泰国规定勘查许可证不允许转让,印度尼西亚规定探矿权只能转让股份等,而越南规定采矿既可转让也可继承,菲律宾在事先经主席批准的情况下可以全部或部分转让或继承给适格主体,但主席应在 30 日内通知国会。但有些国家也进行了区分,如对老挝而言,从事采矿活动的人,经政府批准,采矿活动可以转让或继承,但作为职业的手工矿产开采人,有权将其作业移交给家庭成员,但不得转让给其他人;泰国的采矿许可证虽然可以转让和赠与,但对于临时采矿许可证,则不允许转让。

(三)美国矿业权流转

美国相关法律规定美国公民和表示准备成为美国公民的均可以进行矿区标界,并且保有采矿用地。根据美国矿业法的规定。矿业公司在勘探之前,一般都先申请矿地权。同时设计出选择权。即由卖主向买主提出,给予买主在一定期限内接受卖主提出条件的专有权的合同。这种选择可以是购买,也可以是租赁。在选择期内,勘探者首先付购买或租赁的费用,待查明矿藏后,或决定买下或租赁,那么可以在生产过程中分期支付,或在有相当储量的基础上贷款支付。矿权租赁在美国是取得矿权的方式之一,美国的矿产资源出让主要是指在联邦土地上的矿产资源开发利用的一种权利让渡,包括矿权界分(mining claims)和矿权租赁(mining lease)。

而在中国作为矿业权出让的主要载体勘查许可证和采矿许可证,在美国则不视为一种有效的权利载体,因而任何人依法取得 prospecting permit 的行为都不能构成有效的矿权出让行为。

四、矿业权权利限制

(一)中国矿业权的限制

1. 时间期限限制

(1)勘查许可证时间限制:根据我国《矿产资源勘查区块登记管理办法》第10条的规定,勘查许可证有效期最长为3年;但是,石油、天然气勘查许可证有效期最长为7年。需要延长勘查工作时间的,探矿权人应当在勘查许可证有效期届满的30日前,到登记管理机关办理延续登记手续,每次延续时间不得超过2年。

探矿权人逾期不办理延续登记手续的,勘查许可证自行废止。

石油、天然气滚动勘探开发的采矿许可证有效期最长为15年;但是,探明储量的区块,应当申请办理采矿许可证。

(2)保留探矿权的期限:保留探矿权的期限,最长不得超过2年,需要延长保留期的,可以申请延长2次,每次不得超过2年;保留探矿权的范围为可供开采的矿体范围。

(3)采矿许可证的期限:《矿产资开采登记管理办法》第7条规定,采矿许可证有效期,按照矿山建设规模确定:大型以上的,采矿许可证有效期最长为30年;中型的,采矿许可证有效期最长为20年;小型的,采矿许可证有效期最长为10年。采矿许可证有效期满,需要继续采矿的,采矿权人应当在采矿许可证有效期届满的30日前,到登记管理机关办理延续登记手续。采矿权人逾期不办理延续登记手续的,采矿许可证自行废止。

(4)其他:《矿产资源勘查区块登记管理办法》第33条规定,探矿权人被吊销勘查许可证的,自勘查许可证被吊销之日起6个月内,不得再申请探矿权;《矿产资开采登记管理办法》第24条规定:采矿权人被吊销采矿许可证的,自采矿许可证被吊销之日起2年内不得再申请采矿权。

2. 转让方面的限制:根据我国《矿产资源法》第6条及《探矿权采矿权转让管理办法》第3条的规定,只有在下列的两种情形中我国的探矿权、采矿权才能够合法转让:(1)探矿权人有权在划定的勘查作业区内进行规定的勘查作业,有权优先取得勘查作业区内矿产资源的采矿权。探矿权人在完成规定的最低勘查投入后,经依法批准,可以将探矿权转让他人。(2)已取得采矿权的矿山企业,因企业合并、分立,与他人合资、合作经营,或者因企业资产出售以及有其他变更企业资产产权的情形而需要变更采矿权主体的,经依法批准可以将采矿权转让他人采矿。

(二)东盟国家探矿权的限制

不同国家赋予探矿权的期限(包括展期)也存在区别,如越南为 24 个月,可延长 24 个月;印度尼西亚更为具体,根据矿种的不同赋予不同的期限且时间较长,如金属矿最长期限为 8 年,非金属矿为 3 年,特定种类的非金属矿为 7 年,石块的勘探许可最多给予 3 年时间,煤炭的勘探许可最多给予 7 年时间等;缅甸的探矿权期限为 3 年,可延长 1 年;菲律宾的探矿权为 2 年,可延长 2 年;泰国的勘探许可证有效期限为 1 年,特别勘探许可证效期限为 3 年;柬埔寨勘查许可证的期限为 2 年;在而文莱更为灵活,探矿权的期限可由议长以个案的形式逐一评定。

不同国家对于采矿权也有不同的时间规定,如泰国规定采矿许可证的有效期限不超过 25 年。柬埔寨矿山和矿产法中规定手工采矿许可证的有效期为 1 年,可以更新的次数不限,每次最多可以延期 1 年;采矿许可证的年限应该是最终矿山可行性研究中所认定的矿山最长经济寿命,但在任何情况下都不得超过 20 年。越南矿产资源法中规定开采许可证首期时效不能超过 30 年,延长最多不超过 20 年。

在转让方面的限制,通常情况下,探矿权均可以转让,如《越南矿产法》规定探矿权可向其他组织或个人转让矿产,若勘探人为个人,勘探权还可以依法继承等等。但有些国家也有特殊的规定,如泰国规定勘查许可证不允许转让,印度尼西亚规定探矿权只能转让股份,柬埔寨矿山和矿产法中规定手工采矿许可证不得转让。

综上,因为矿产资源的勘探、开采和利用对公共利益会产生非常大的影响。因此,各国的矿产资源法很重要的一个特点就是受公法的限制较多,行政机关不仅决定着权利的取得、变更、消灭,即使在矿业权人行使权利过程中也处处受到公法的限制。包括开采技术、开采进度、废矿回收等都要受到公法限制。

(三)美国矿业权的限制

1.出让方式的限制

1872年美国政府在《通用采矿法》中对所有矿产采取同一种管理模式,即用可标定法出让矿机但随着经济的发展,不同矿种在国民经济发展中的作用和地位逐步分化,同时因各矿种间不同的开发特点,决定了矿业管理工作的难易程度不夙因此,美国目前矿业法律法规中规定以下按矿种确定的出让方式。

(1)大部分矿产(包括金属矿产)作为可标定矿产,靠申请获得矿权,取得矿权不需交纳费用。国家在开采过程中从征收的矿地租金和权利金中得到利益的补偿。

(2)石油、天然气、煤、肥料矿(硫磷钾)及沥青,由于矿床面积大、矿石产值高,政府最先将这些矿产从可标定矿产中分离出来,出租出让矿权,又规定一律采用竞标的方式出让矿权,在规范开采活动的同时,确保了政府的利益。

(3)建筑材料矿物原料类矿产一般矿床构造简单,开采技术要求不高,在市场需求量很大的当今,美国政府采取一次性出售出让采矿权,既减少了开采前审批的繁杂手续,保证了开发市场的需求,又降低了管理成本,提高了管理效率。

2.环境保护的限制

无论是海上还是陆地矿产的开发,政府在审批时,最重要的内容是对矿山开发的环境影响及防治措施进行审梳审核的方法和程序。

(1)开发者提交开发海域或地面区域的环境影响报告长要求对每一阶段的开发活动做出环境影响预测,并提出防治措施,如陆地开发,要提供可能对自然生态、自然景观土质、水质等的影响预测,如在旅游区,更要提供大量的论证材料和详细的测量数据。

(2)环境影响报告书提交后,政府将按规定向矿区地方政府和民众公布,征集意见3个月后,根据反馈的民众意见重新修改报告。修改后的报告再次征求意见,再次修改,反复沟通,力求将因开发造成的破坏降到最低程度,直到报告通过。

(3)环境影响报告书还要在各有关政府部门之间反复征求意见,如农业部、林业部等,由其审查对农业和林业方面的影响,提出意见,再做修改,反复循环。

一般一个环境影响报告书要经过 4 个月至 5 个月时间才能走完全部程序,直到各方都满意,方可动工开采。当各方意见相持不下时,可提交内政部裁定。在开发活动中,当开发者不按承诺的方案进行环境保护时,当地民众可随时向土地局或者法院提出诉讼。

矿区开发前矿业公司还要向政府交纳大于复垦费用的"复垦保证金",用于日后矿山闭坑的复垦工作,复垦如期完成的,保证金退还;不按计划复垦的,由政府将保证金用于复垦工作。

五、矿业权投资

中国、东盟各国以及美国在矿业投资合作法律制度方面有许多共同之处,如坚持国家经济主权、实行平等互惠互利、对外资施行非国民待遇、按照国际惯例保护外资的合法权益等原则。同时,由于中国、东盟各国都出于国家矿产资源安全方面的考虑,矿业投资法律制度中都存在着国家矿产资源管理部门、环境管理部门、工业管理部门浓厚的强制性、管理性色彩。由于各国之间的经济发展状况的差异性,使得矿产投资法律制度在立法上不一样,出现矿产投资合作法律障碍繁多,矿产资源在开发、利用上存在不合理的共同特点。从法律角度而言,中国、美国以及东盟各国在国家矿业法和投资法方面主要存在如下差异。

(一) 矿业投资门槛有紧有松

矿业投资合作涉及《矿业法》和《投资法》。与东盟国家相比,我国外资投资立法体系的最大特点就是没有统一的外国投资法,而是由各种专项立法及相关的单行法律、法规相互联系综合而形成的一个外资法体系。相比之下,大多数东盟国家都制定有统一的外国投资法,有规范统一的外资准入制度。其次,是随着矿业合作的深入,矿业勘查的进入门槛有所提高,政府对矿业活动的监管更加谨慎和严格。这表现在东盟各国对投资法频繁的修改。如印度尼西亚于 1967 年颁布了第一部《外国投资法》,后来也经过了几次修改。1998年以后,印尼政府陆续大幅度地修改和调整了有关投资的法规和政策;马来西亚在 20 世纪 60 年代曾颁布了《投资奖励法》,该法经过了多次修改,后来又颁布了《投资促进法》;越南于 1987 年制定的《外国投资法》,后经 1990 年、1992

年、1996 年、2000 年四次修改；2000 年通过修改补充合成版后，2003 年又颁布了该法的实施细则。

（二）矿业投资法律风险不一

首先是社会政治、国家法律环境不同增加了矿业投资合作的风险，国家政权更迭，群众对于地方利益的维护也都有可能让矿业投资出现风险。比如在菲律宾，地方政府、部族和社会团体间存在根深蒂固的反采矿情绪。这些反对声音甚至迫使外国投资者放弃了已取得的探矿许可，严重阻碍了菲律宾矿业的发展。在 2004 年 1 月，菲律宾最高法院宣布《菲律宾矿业法》中允许外资公司直接参与菲律宾矿业开发的条款违宪，虽然撤销其原来的裁定，但影响到了外国投资者的意向。其次，中国实行"一体制"矿权管理，而东盟有些国家实行"二体制"管理（中央和地方政府对矿权的管理不同，如马来西亚的矿权是由州政府管理）。如在中国对采矿权流转设定的禁限规则比较严格，对"以租代转""承包""倒卖"、矿业权抵押而变相转让等采矿权转让都赋予法律定义，而像越南这样的国家，存在着"投资规定"与投资事实的差异，对已探明的矿产资源各有其主，这会导致外商想要投资就采取以上架空审批制度的矿权转让方式，无形中增加了法律风险。

（三）矿业投资者享有的权利不一样

东盟各国为了吸引、鼓励更多的外资流入本国，制定了不同的矿业外资投资法律制度，这让矿业投资者在不同的东盟国家享有不同的权利。如根据《菲律宾矿业法》第 90 条，矿产协议和资金或技术援助协议的缔约人有资格享受适用于他们的资金和非资金鼓励政策。外国矿业投资者可以选择申请优惠和申请不优惠的投资条件，包括各种矿权的取得。相比之下，缅甸在东盟各国中经济比较落后，地理环境比较恶劣，虽然矿产资源丰富，但在矿业投资合作法律上的立法比较落后，对待外资企业的优惠条件远不如其他东盟国家，外资企业的自主权少，限制又多，外资企业在缅的经营负担过重。

六、矿业权权利的消灭

（一）中国矿业权的消灭

矿业权终止包括矿业权注销、撤销、吊销。矿业权注销是指在正常情况下矿业权期限届满，完成勘查工作，矿山开采闭坑或停办时的强制申请注销矿业权。矿业权撤销是指在矿业权人提前完成勘查、开采工作或提前取消有关矿业权人权利和义务而主动申请注销矿业权。矿业权吊销是指矿业权人违反了矿产资源勘查、开采的有关规定，由有关行政机关强制取消矿业权，作为对矿业权人的一种行政处罚。被吊销矿业权的，在法律规定的期限内不得再申请该区块范围的或新的矿业权。

1. 我国矿业权注销有以下情形：（1）根据我国《矿产资源勘查区块登记管理办法》第 21 条最后一款的规定，探矿权保留期限届满，勘查许可证应当予以注销。（2）《矿产资源勘查区块登记管理办法》第 24 条规定："有下列情形之一的，探矿权人应当在勘查许可证有效期内，向登记管理机关递交勘查项目完成报告或者勘查项目终止报告，报送资金投入情况报表和有关证明文件，由登记管理机关核定其实际勘查投入后，办理勘查许可证注销登记手续：（一）勘查许可证有效期届满，不办理延续登记或者不申请保留探矿权的；（二）申请采矿权的；因故需要撤销勘查项目的。自勘查许可证注销之日起 90 日内，原探矿权人不得申请已经注销的区块范围内的探矿权。"

《矿产资开采登记管理办法》第 16 条规定，采矿权人在采矿许可证有效期内或者有效期届满，停办、关闭矿山的，应当自决定停办或者关闭矿山之日起 30 日内，向原发证机关申请办理采矿许可证注销登记手续。

2. 我国矿业权吊销有以下情形：（1）《矿产资源勘查区块登记管理办法》第 29 条规定："违反本办法规定，有下列行为之一的，由县级以上人民政府负责地质矿产管理工作的部门按照国务院地质矿产主管部门规定的权限，责令限期改正；逾期不改正的，处 5 万元以下的罚款；情节严重的，原发证机关可以吊销勘查许可证：（一）不按照本办法的规定备案、报告有关情况、拒绝接受监督检查或者弄虚作假的；（二）未完成最低勘查投入的；（三）已经领取勘查许可证的勘查项目，满 6 个月未开始施工，或者施工后无故停止勘查工作满 6 个月的。"

（2）《矿产资源勘查区块登记管理办法》第 30 条规定，违反本办法规定，不办理勘查许可证变更登记或者注销登记手续的，由登记管理机关责令限期改正；逾期不改正的，由原发证机关吊销勘查许可证。

（3）《矿产资源勘查区块登记管理办法》第 31 条规定，违反本办法规定，不按期缴纳本办法规定应当缴纳的费用的，由登记管理机关责令限期缴纳，并从滞纳之日起每日加收千分之二的滞纳金；逾期仍不缴纳的，由原发证机关吊销勘查许可证。

（4）《矿产资开采登记管理办法》第 18 条规定，不依照本办法规定提交年度报告、拒绝接受监督检查或者弄虚作假的，由县级以上人民政府负责地质矿产管理工作的部门按照国务院地质矿产主管部门规定的权限，责令停止违法行为，予以警告，可以并处 5 万元以下的罚款；情节严重的，由原发证机关吊销采矿许可证。

（5）《矿产资开采登记管理办法》第 21 条规定，违反本办法规定，不按期缴纳本办法规定应当缴纳的费用的，由登记管理机关责令限期缴纳，并从滞纳之日起每日加收千分之二的滞纳金；逾期仍不缴纳的，由原发证机关吊销采矿许可证。

（6）《矿产资开采登记管理办法》第 22 条规定，违反本办法规定，不办理采矿许可证变更登记或者注销登记手续的，由登记管理机关责令限期改正；逾期不改正的，由原发证机关吊销采矿许可证。

3.《矿产资开采登记管理办法》第 7 条第 2 款规定了采矿许可证废止的情形："采矿权人逾期不办理延续登记手续的，采矿许可证自行废止。"

（二）东盟国家矿业权的消灭

印度尼西亚矿业法第 15 章专章规定了普通采矿许可证和特别采矿许可证终止的情形。其终止的情形有以下三种：许可证被返还；许可证被撤销；许可证到期。

泰国矿产法在采矿权的灭失方面有如下情形：

第 81 条规定，在采矿许可证持有人死亡时，他的继承人应该在采矿许可证持有人死亡之日起计的 90 日内向地方矿产资源官员申请通过继承转让采矿许可证，否则就应该认为此采矿许可证在 90 日期限后自动到期终止。通过继承转让采矿许可证不需交纳采矿权转让费。

当采矿许可证持有人的继承人在第 1 款规定的时间内申请通过继承转让

采矿许可证时,此继承人可以继续采矿,享有采矿许可证中的权利和义务。但是,如果部长认为此继承人不应该收到该采矿许可证的转让,部长可以命令不准转让;在这种情况下应该认为此采矿许可证在地方矿产资源办公室收到这一命令时到期终止。

当采矿许可证的持有人被判定为无行为能力时,第3款中的条款经适当修改应该适用于其监护人。

第82条规定,当作为一个自然人的采矿许可证持有人被判定破产时,采矿许可证应该终止。

第83条规定,当采矿许可证持有人是一个法人并且不再有法人地位时,采矿许可证应该终止。

第84条规定,采矿许可证持有人可以通过提交一份申请书并将采矿许可证送给地方矿产资源办公室而终止采矿许可证,在这种情况下,此采矿许可证应该在地方矿产资源办公室收到终止采矿许可证申请180日后到期,除非采矿许可证持有人与地方矿产资源、官员协商在一个比较短的时间内到期。

而泰国《矿产法》第85条、第86条、第87条规定的采矿许可证因吊销而终止的情形。

柬埔寨《矿山和矿业法》第13条采矿许可证的取消或放弃情形如下:

(1)根据矿山和矿产法,如果下列任何一种情况发生,部长已经向许可证持有人发放了书面通知,说明了错误的原因,并限令在90日内改正,许可证持有人却没有改正的,则部长可以取消采矿许可证:没有支付费、权利金和税;没有开始工作或不经许可便中止商业性生产;明显地未经许可地偏离最终可行性研究或经修改的此类研究和支持性计划;在没有获得采矿许可证的现许可证相邻地区进行采矿活动;没有保存所要求保存的记录,或没有提交阶段性的报告,或故意提交错误或不准确的信息;没有依据恢复和复垦计划中的说明或其他适用法律的规定,把许可证区域恢复到安全状态和达到环境标准。

(2)在下述情况下,许可证持有人提前6个月向部长提出书面申请,可以放弃采矿许可证:在放弃时,所有针对政府的财务义务都已完成;在放弃之日或放弃以前,许可证中要求的所有其他义务都已经履行;许可证区域已经根据环境管理计划、矿山恢复和复垦计划,以及所有适用法律进行了恢复。

(3)除非所有在采矿许可证中拥有权益的人都向部长提交了同意放弃的同意书,否则不得放弃。

(4)如果采矿许可证属于法院扣押品,只要这种扣押仍然有效,该许可证就不能放弃。

综上,东盟各国及我国在矿业权的消灭方式上基本相同。一是因为矿业权许可证期限届满,矿业权自动消灭;二是矿业权人因为各种法定事由主动向权力机关申请注销;最后一种是矿业权人因为违反了相关法律法规的禁止性规定而被吊销矿业权许可证的情形,伴随矿业权许可证的吊销,该矿业权人的矿业权也自动灭失。

结　语

东盟与我国睦邻友好，双方的经贸往来历史悠久，自 2002 年起就启动中国—东盟自贸区，并于 2010 年 1 月 1 日全面建成。据商务部显示，2002 年，当中国—东盟自贸区刚刚启动时，双边贸易额为 548 亿美元，到 2014 年，双边贸易额就已高达 4804 亿美元，12 年间增长了近 9 倍，年均增长 20％。双向投资从 2003 年的 33.7 亿美元增长到 2014 年的 122 亿美元，增长近 4 倍。目前，中国是东盟最大的贸易伙伴，东盟是中国第三大贸易伙伴，双方累计相互投资超过 1500 亿美元。[①]

东盟国家作为我国近邻，矿产资源丰富，与我国有较强的互补性。矿业是诸多东盟国家的支柱产业，如文莱因其储量丰富的石油和天然气成为全球最富裕的国家之一。近年来，东盟国家为改善投资环境、吸引矿业的投资，出台了一系列的法律和政策吸引贸易和投资。

美国作为世界上最大的资本主义国家，尽管美国矿业权的初始配置采取矿地一体化模式，私人所有土地下矿产资源开发强调私权自主，联邦治下土地的矿产资源开发则形成了程序化与固定化的私法机制。在矿产资源所有权方面与我国和东盟国家有本质区别，但借鉴美国矿业资源开发领域的法制实践经验，有助于我国矿业领域的市场化改革和制度完善。

我国的矿产资源虽然储量丰富，排名世界第三，仅次于美国和俄罗斯，但

[①]　参见商务部官网，http://fta. mofcom. gov. cn/article/fzdongtai/201511/29476_1. html。

我国人口基数庞大,矿产的人均资源却位居世界五十多位,很大一部分的战略性矿产资源仍然依赖进口。

随着经济全球化的发展,中国和东盟各国矿产资源合作是重要发展趋势,许多矿产资源的消费增速接近或超过国民经济的发展速度。然而,经济的高速增长与矿产资源的不可再生性的矛盾不断加剧。如何通过矿产资源法制建设国际矿产资源合作来实现社会和谐发展,是摆在我们面前的重大现实问题。

中国与东盟各国都已经意识到建立统一规范的矿业合作法律制度对加强区域内的矿业合作的保障作用的重要性。在 2010 年的中国—东盟矿业合作论坛上,各国已经就矿业法律制度研究进行了初步的磋商,在此后每年一届的矿业合作论坛上,各国也积极探讨双边矿业外资法律制度,努力协调彼此的结合点与对策。同时,在现有矿业合作的框架上,借鉴发达国家经验,参照国际通行制度,在平等互惠互利的基础上建立符合各方要求的、统一的矿业合作法律制度,完善外资投资法律平台,实现中国与东盟国家矿业合作互利共赢发展。

在此背景下对东盟矿产资源相关的法律法规进行系统性的研究是十分必要的。而在对东盟国家的矿产资源相关法律法规进行系统性梳理之后再与我国的矿产资源法律法规进行比较研究,在共性中找差异,在差异中找共识,以期搭建一个中国—东盟自贸区矿产资源的法律桥梁是非常迫切的。

本书运用比较的分析方法对中国以及东盟各国的矿业资源法律制度进行比较性分析,研究了中国以及东盟各国对矿产资源相关的法律制度的规定以及矿业权的规定,中国与东盟各国在政治制度、社会文化发展、经济发展程度和对外开放程度等方面都存在着较大差异,且法律文化和法律发展史上也存在较大的差异,各国在矿业法和投资法条款制定上也存在差异和分歧。中国与东盟国家必须结合双方矿业发展的实际,对本国的矿业合作相关法律进行调整和修缮,制定清晰、简明且符合国际通则的规范的法律制度来引导和规范双方的矿业贸易和投资合作行为。同时,应在《中国与东盟全面经济合作框架协议》的指导下,从矿业发展的各个环节对外商矿业贸易和投资行为给予法律上的支持和保护,规避政策上频繁变动对双方矿业合作的影响。应对各国国内《矿业法》的本位主义进行适当弱化,以开放共荣的角度制定国家的《矿业法》和《投资法》,避免政府过多的强制性干预行为,阻碍了中国与东盟矿业合作的市场化发展。

良好的合作平台首先应当由法律来确立。没有良好的法律制度,任何意义上的市场经济都是不可行的。法律的目的是尽可能合理地构筑社会结构，以有效地控制由于人的本性不可避免地出现的社会矛盾和冲突，以最小的阻力和最小的投入最大限度地满足社会中人类的利益，实现经济、社会和环境的协调发展。矿产资源的开发、利用和保护不仅涉及某一国家的环境问题，更关乎相邻国以及合作国家的资源、能源安全与经济发展，因此，中国与东盟各国的矿产资源现状呼吁建立良好的矿产资源合作法律制度。

　　本书进行研究的理论意义主要运用文本研究、历史研究及比较研究等方法，通过分别对东盟各国、美国及我国的矿产资源法律法规的主要制度进行逐一研究，对相关法律问题进行整合梳理，并在此基础上分析各国矿产资源法之间的共性及其差异性，以期较为系统、完整地呈现东盟各国、美国及我国矿产资源法之间的异同。为中国—东盟之间矿产资源的投资和贸易往来提供法律基础，同时也有助于在法律层面上推动自贸区矿业投资制度的完善，并为进一步进行国际矿业投资制度的研究提供新的思路。

参考文献

一、专著

1.江平:《民法学》,中国政法大学出版社 2000 年版。

2.王利明:《民法》,中国人民大学出版社 2000 年版。

3.蒋承落:《矿产资源管理导论》,地质出版社 2001 年版。

4.高圣平:《土地使用权和用益物权》,法律出版社 2001 年版。

5.王利明:《物权法研究》,中国人民大学出版社 2002 年版。

6.屈茂辉:《用益物权制度研究》,中国方正出版社 2005 年版。

7.陈华彬:《物权法》,法律出版社 2004 年版。

8.王利明:《中国物权法草案建议稿及说明》,中国法制出版社 2001 年版。

9.崔建远:《准物权研究》,法律出版社 2003 年版。

10.张俊浩:《民法学原理》(上册),中国政法大学出版社 2000 年版。

11.王泽鉴:《民法物权》(第 1 册),中国政法大学出版社 2001 年版。

12.史尚宽:《物权法》,中国政法大学出版社 2000 年版。

13.梁慧星、陈华彬:《物权法》,法律出版社 2016 年版。

14.余卫明、戴勇坚、邵华:《矿产法律顾问》,中南大学出版社 2016 年版。

15.郗伟明:《矿业权法律规制研究》,法律出版社 2012 年版。

16.康纪田:《矿业法论》,中国法制出版社 2011 年版。

17.朱学义:《矿产资源权益理论与应用研究》,社会科学文献出版社 2008 年版。

18.林家彬、刘杰、李彦龙:《中国矿产资源管理报告》,社会科学文献出版社 2011 年版。

19.冯并:《"一带一路"全球发展的中国逻辑》,中国民主法制出版社 2015 年版。

20.陈德敏:《环境法原理专论》,法律出版社 2008 年版。

21.石玉林:《资源科学》,高等教育出版社 2006 年版。

22.江平:《中国矿业法律制度研究》,中国政法大学出版社 1991 年版。

23.王恩营:《矿产资源法制管理》,中国统计出版社 1997 年版。

24.李开国:《民法总则研究》,法律出版社 2003 年版。

25.刘云生、李开国、孙鹏:《物权法教程》,中国人民大学出版社 2009 年版。

26.成金华:《矿产资源规划的理论与方法》,中国环境科学出版社 2002 年版。

27 蒋文军:《矿产物权疑难法律问题解析与实务操作》,中国法制出版社 2008 年版。

二、期刊及论文

1.吕忠梅、尤明青:《试论我国矿产资源所有权及其实现》,载《资源与人居环境》2007 年第 24 期。

2.张彬:《我国矿业权制度现状及存在问题分析》,载《当代经济》2007 年第 12 期(上)。

3.伍昌弟、贾志强:《关于矿业权流转的必要性、条件、方式及存在问题的探讨》,载《四川地质学报》1998 年第 1 期。

4.朱建华、徐龙震:《浅论矿业权的物权化法律调整》,载《山西能源与节能》2006 年第 2 期。

5.周珂、张璐:《民法与环境法的理念碰撞与融和》,载《政法论丛》2008 年第 1 期。

6.马俊驹、舒广:《环境问题对民法的冲击与 21 世纪民法的回应》,载《资讯动态》2002 年第 4 期。

7.陈丽萍、孙春强:《国外矿业权交易相关制度简述》,载《国土资源情报》2010 年 5 月 20 日。

8.郭锡昆:《采矿权抵押融资的可行性分析及其风险防范》,载《深圳金融》2009 年第 8 期。

9.方敏、李洪嫔:《东盟国家矿产资源管理政策分析》,载《中国矿业》2011 年第 5 期。

10.刘永存:《矿业权研究——公私法调整的冲突与协调》,西南政法大学 2011 年硕士学位论文。

11.李显冬、刘志强:《论矿业权的法律属性》,载《当代法学》2009 年第 2 期。

12.李兴国、杨强、崔彬:《浅谈中国矿产资源的探矿权与采矿权内涵及其外延》,载《资源与产业》2007 年第 5 期。

13.蒋巍、廖欣:《中国—东盟国家矿业投资法律制度比较研究》,载《学术论坛》2014 年第 4 期。

14.张维宸:《〈矿产资源法〉修改的重点内容与方向选择——基于"〈矿产资源法〉修改重点内容调查表"的分析》,载《中国矿业大学学报》2017 年第 6 期。

15.陈丽萍:《矿产资源国家所有权制度诠释》,载《中国国土资源报》2003 年 5 月 28 日。

16.董朝燕:《矿产资源有偿使用法律制度研究》,中国政法大学 2011 年硕士学位论文。

17.王艳:《我国矿业资源法律制度研究——以救济机制为视角》,郑州大学 2014 年硕士学位论文。

18.王来峰、陈兴荣、洪水峰:《中国土地与矿产资源规划制度比较研究》,载《中国矿业》2007 年第 3 期。

19.鹿爱莉:《我国矿产资源法律制度研究》,载《国土资源情报》2017 年第 5 期。

20.傅鸣坷:《新矿产资源法修改的要义和内涵》,载《中国矿业》1997 年 7 月。

21.田峰:《论探矿权在我国物权体系中的定位》,载《中国矿业大学学报》2010 年第 1 期。

22.邓锋、王雪峰:《从矿业权有偿取得谈矿产资源的国家所有》,载《国土资源导刊》2007 年第 1 期。

23.晁坤、陶树人:《我国矿产资源有偿使用制度探析》,载《煤炭经济研究》

2001 年第 1 期。

24.钟自然:《中国矿业税费制度比较》,载《中国矿业报》2001 年 7 月。

25.刘欣:《矿产资源的基本属性和采矿权的法律特征探析》,载《法学杂志》2008 年第 3 期。

26.许大纯:《我国矿产资源税费制度改革与发展的历程与经验》,载《中国矿业》2010 年第 4 期。

27.李显冬、石文墨:《矿业权的私权法律属性》,载《北京石油管理干部学院学报》2007 年第 2 期。

28.崔建远、晓坤:《矿业权的客体》,载《法学》1998 年第 2 期。

29.王家福:《海域使用权、探矿权、采矿权、取水权、渔业养殖权在物权法中安排的建议》,载国土资源网。

30.刘丽萍:《行政法上的物权初探》,载《政法论坛》2003 年第 3 期。

31.张翔:《公共利益限制基本权利的逻辑》,载《法学论坛》2005 年第 1 期。

32.赵仕玲:《国外矿山环境保护制度及对中国的借鉴》,载《中国矿业》2008 年第 11 期。

33.王敏:《基于外部性对财产权观念的反思——以私法制度为视角》,载《河南大学学报(社会科学版)》2007 年第 6 期。

34.刘建伟:《我国矿山环境现状及对策建议》,载中国矿业网。

35.潘婉雯等:《我国矿业权的产权属性研究》,载《地质技术经济管理》2003 年第 5 期。

36.余振国:《论矿业权的物权属性及其法律完善》,载《资源产业》2004 年第 1 期。

37.蒋莉:《完善我国环境资源立法的若干思考》,载《环境科学与技术》2004 年第 11 期。

38.许朋伟、胥莉:《浅议矿业权抵押》,载《法制与经济》2010 年 6 月。

39.刘洋:《谁炒热了矿权交易》,载《中国有色金属》2008 年 10 月。

40.翁春林:《我国矿业权市场存在问题初探》,载《中国矿业》2008 年 3 月。

41.李涛、龙波、白彬、刘红延:《论建设全国统一的矿业权二级市场》,载《中国国土资源经济》2007 年 3 月。

42.欧阳杉、甘开鹏:《对完善我国矿业权转让法律制度的思考》,载《长江大学学报(社会科学版)》2007 年 1 月。

43.戴永生:《国内外矿业权之法律属性分析》,载《世界有色金属》2006 年

2月。

44.孙宏涛、田强:《论矿业权的流转》,载《中国矿业大学学报(社会科学版)》2005年3月。

45.黄霞、漆佳:《我国矿业权流转方式之探析》,载《法制与社会》2007年11月。

46.曹明德:《矿产资源生态补偿法律制度之探究》,载《法商研究》2007年2月。

47.杜辉、陈德敏:《论〈矿产资源法〉制度重构的模式选择与具体路向》,载《资源科学》2011年11月。

48.黄锦华:《中国与东盟矿产资源合作现状研究》,载《广西财经学院学报》2010年6月。

49.顾海旭、相洪波、李娜:《谈"海上新丝路"背景下中国与东盟矿产资源合作》,载《中国国土资源经济》2015年8月。

50.艾尔文·J.罗宾逊:《越南矿产资源法概述》,载《世界有色金属》2005年7月。

51.宋国明:《泰国金属矿产资源开发与管理》,载《中国金属通报》2010年5月。

52.木易:《印尼:政府将加强矿产资源控制》,载《中国煤炭报》2009年2月9日。

53.杨贵生:《马来西亚矿产资源开发法解析》,载《中国矿业报》2013年1月15日。

三、法律法规

1.《越南矿产法》(Vietnam Mineral Law,2010,No. 60/2010/QH12)

2.《印度尼西亚矿业法》(Mineral and coal Mining Law,2009)

3.《泰国矿产法》(Minerals Act B.E. 2522)

4.《缅甸矿业法》(The Myanmar Mines Law,No. 8/94)

5.《缅甸矿业法实施细则》(Myanmar Mines Rules,No.125/96)

6.《马来西亚矿产开发法》(Mineral Development Act,1994)

7.《柬埔寨矿产资源管理和开发法》(Cambodia's Law on the Management and Operation of Mineral Resources,2001)

8.《菲律宾矿业法》[*Philippine Mining Act of* 1995(Republic Act No. 7942)]

9.《文莱矿业法》[*Brunei Mining Act* (Ch 42)]

10.《老挝人民共和国矿产法》(*Law On Minerals*,*Revised Version*,2010)

11.《中华人民共和国矿产资源法》

12.《矿产资源开采登记管理办法》

13.《探矿权采矿权转让管理办法》